Bildwörterbuch ENGLISCH

DORLING KINDERSLEY

Inhalt

DORLING KINDERSLEY
London, New York, Melbourne,
München und Delhi

Redaktion Elise See Tai
Projektbetreuung Anna Harrison
Bildbetreuung Ann Cannings, Emy Manby
DTP Design David McDonald
Herstellung Harriet Maxwell
Cheflektorat Scarlett O'Hara

Für die deutsche Ausgabe:
Programmleitung Monika Schlitzer
Projektbetreuung Martina Glöde
Herstellungsleitung Dorothee Whittaker
Herstellung Verena Salm

Bibliografische Information Der Deutschen Bibliothek
Die Deutsche Bibliothek verzeichnet diese Publikation in der Deutschen Nationalbibliografie; detaillierte bibliografische Daten sind im Internet über http://dnb.ddb.de abrufbar.

Titel der englischen Originalausgabe:
First English Picture Dictionary

Übersetzung Karin Fellner

ISBN 978-3-8310-0910-7

Colour reproduction by Colourscan, Singapore
Printed and bound in China by Toppan

Besuchen Sie uns im Internet
www.dorlingkindersley.de

So benutzt du dein Buch

In der ersten Buchhälfte gibt es 26 Themenseiten. Zu jedem Bild findest du jeweils das englische Wort und die deutsche Übersetzung. Auf der CD kannst du dir anhören, wie die Wörter ausgesprochen werden. In den alphabetischen Wörterlisten in der zweiten Buchhälfte kannst du gezielt nach einem deutschen oder englischen Wort suchen. Die Lautschrift zeigt dir an, wie man das Englische richtig ausspricht. Die Verben haben ein eigenes Kapitel. Ganz am Schluss findest du einige nützliche englische Redewendungen.

Themenseiten

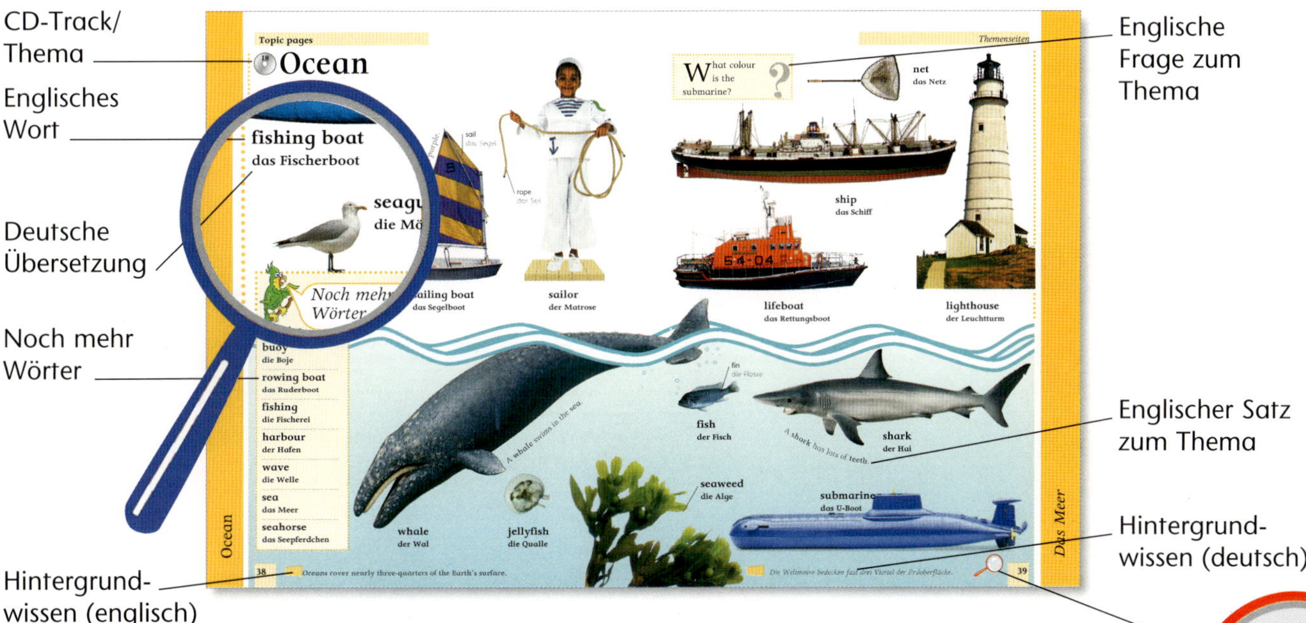

Wörterliste Deutsch-Englisch A–Z

All about me

Alles über mich

I am tall.

brother
der Bruder

sister
die Schwester

grandfather
der Großvater

grandmother
die Großmutter

grandparents
die Großeltern

father
der Vater

mother
die Mutter

baby
das Baby

This is my family.

child
das Kind

aunt
die Tante

uncle
der Onkel

We are happy!

happy
glücklich

Tom feels angry.

angry
wütend

There are about 206 bones in your body!

Noch mehr Wörter

hair
die Haare

neck
der Hals

elbow
der Ellbogen

thumb
der Daumen

tooth
der Zahn

back
der Rücken

knee
das Knie

eyebrow
die Augenbraue

face
das Gesicht

family
die Familie

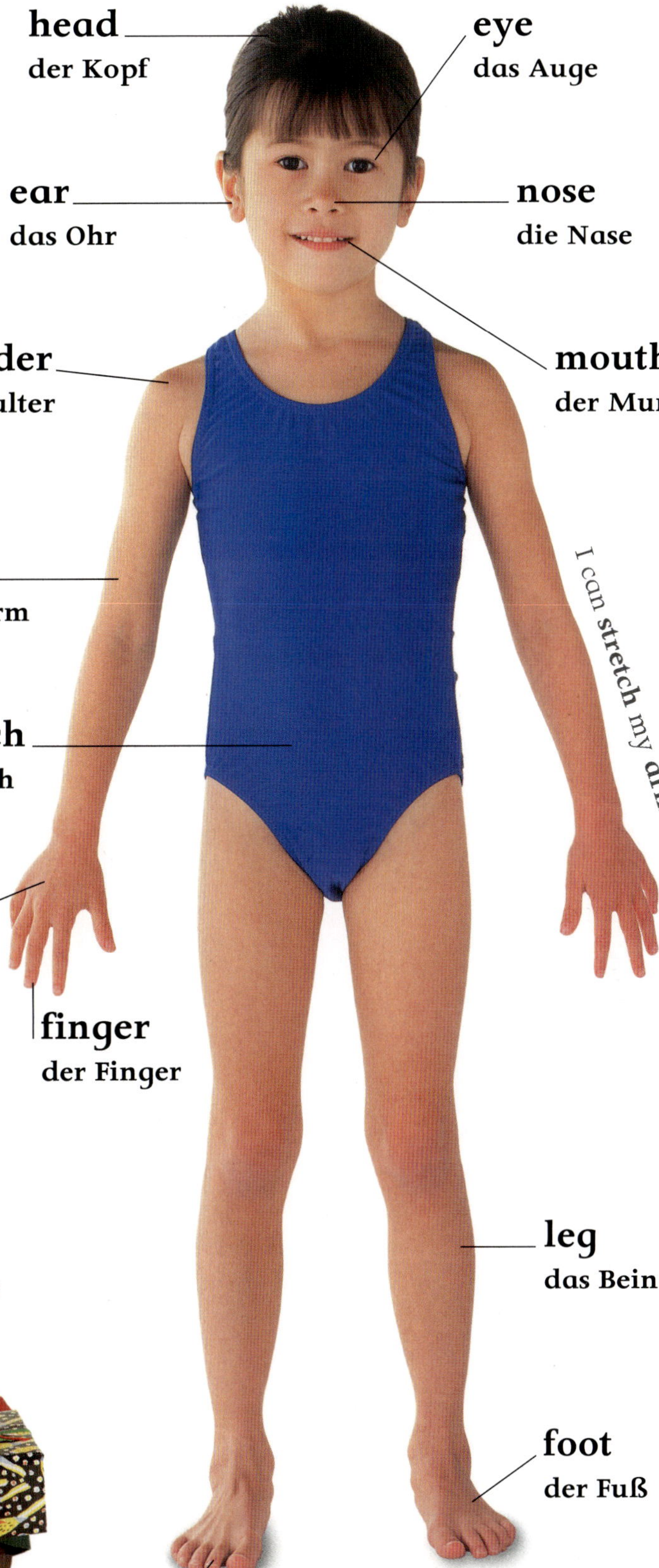

sad
traurig

excited
aufgeregt

What colour are your eyes? **?**

Clothes

Kleidung

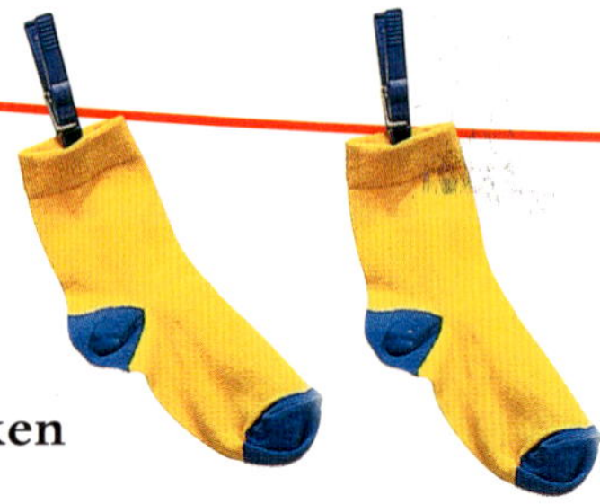

socks
die Socken

button
der Knopf

shirt
das Hemd

jeans
die Jeans

Noch mehr Wörter

shoe
der Schuh

blouse
die Bluse

glasses
die Brille

slippers
die Hausschuhe

jumper
der Pullover

pyjamas
der Schlafanzug

dress
das Kleid

underwear
die Unterwäsche

zip
der Reißverschluss

sleeve
der Ärmel

pocket
die Tasche

fleece
die Fleecejacke

trainers
die Turnschuhe

My **coat** keeps me warm.

scarf
der Schal

glove
der Handschuh

coat
der Mantel

Jeans are more than 130 years old!

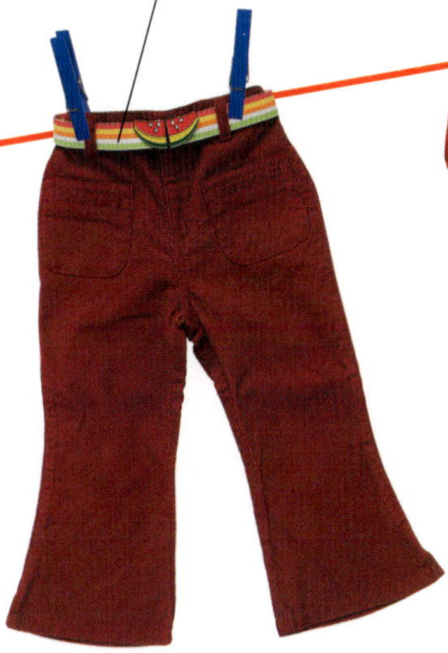

trousers
die Hose

T-shirt
das T-Shirt

shorts
die Shorts

swimsuit
der Badeanzug

jacket
die Jacke

raincoat
der Regenmantel

skirt
der Rock

boots
die Stiefel

Jeans and **trainers** are my favourite **clothes**.

Do you like to wear boots or trainers?

Kitchen

Die Küche

frying pan
die Pfanne

plate
der Teller

oven
der Ofen

cooker
der Herd

spoon
der Löffel

mug
der Becher

book
das Buch

tea towel
das Geschirrtuch

saucepan
der Kochtopf

What is on the spoon?

The first gas cooker was made in 1826.

Die Küche

Thanks for **washing the dishes!**

cupboard
der Schrank

sink
das Spülbecken

freezer
der Gefrierschrank

fridge
der Kühlschrank

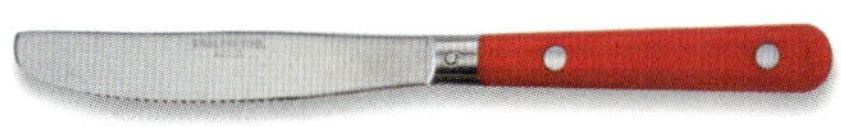

knife
das Messer

fork
die Gabel

Do you **like** baking **biscuits?**

apron
die Schürze

oven glove
der Topfhandschuh

glass
das Glas

Noch mehr Wörter

kettle
der Wasserkocher

jug
der Krug

cup
die Tasse

dishes
das Geschirr

table
der Tisch

toaster
der Toaster

washing machine
die Waschmaschine

tray
das Tablett

bin
der Abfalleimer

Der erste Gasherd wurde 1826 hergestellt.

Bathroom

Das Badezimmer

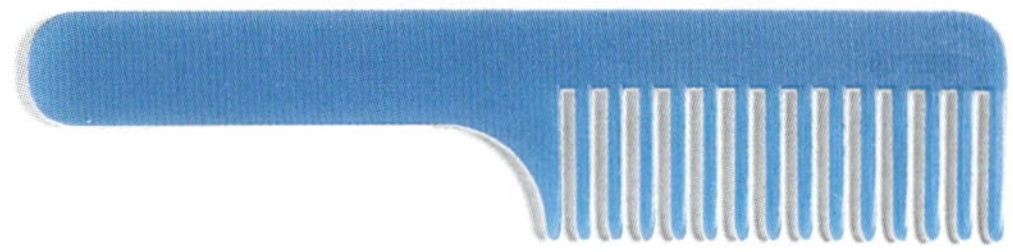

comb
der Kamm

bathtub
die Badewanne

It is fun **to sit** in the **bathtub**.

water
das Wasser

toy
das Spielzeug

sponge
der Schwamm

towels
die Handtücher

I put **toothpaste** on my **toothbrush**.

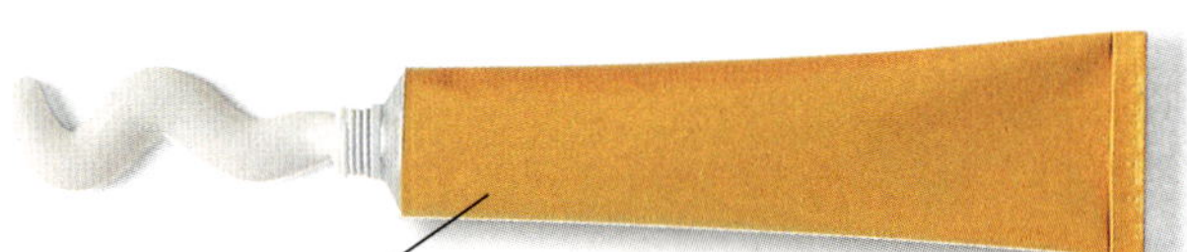

tube
die Tube

toothpaste
die Zahnpasta

toothbrush
die Zahnbürste

How many yellow things are on this page?

The most expensive bathroom has a gold toilet!

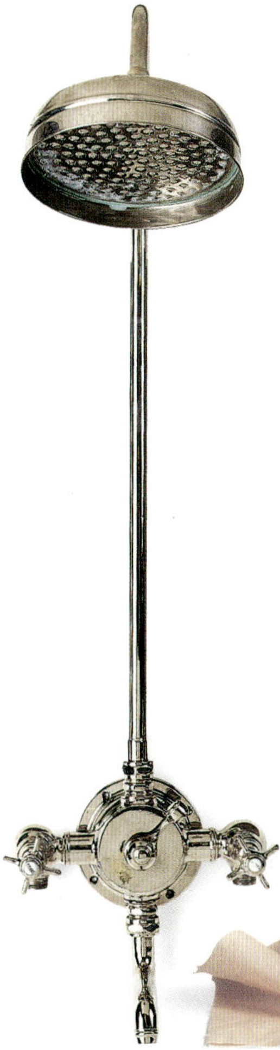

shampoo
das Shampoo

mirror
der Spiegel

toilet paper
das Toilettenpapier

soap
die Seife

shower
die Dusche

Noch mehr Wörter

hairbrush
die Haarbürste

steam
der Dampf

tissue
das Papiertaschentuch

to wash oneself
sich waschen

to have a shower
duschen

shower gel
das Duschgel

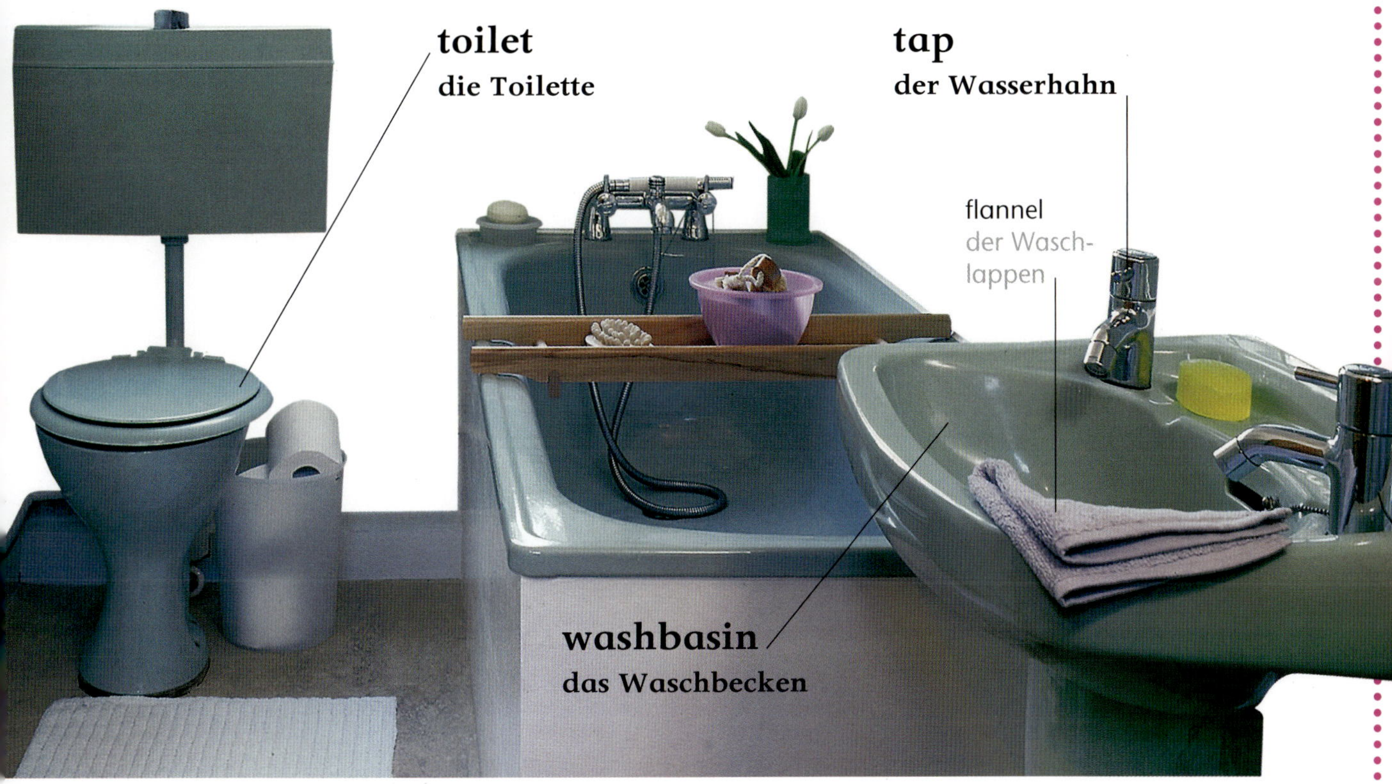

alarm clock
der Wecker

bed
das Bett

pillow
das Kissen

duvet
die Bettdecke

chair
der Stuhl

5 My Room
Mein Zimmer

wardrobe
der Kleiderschrank

guitar
die Gitarre

coat hanger
der Kleiderbügel

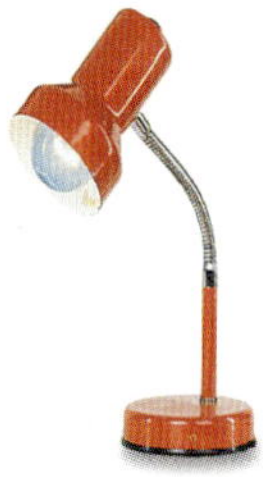

lamp
die Lampe

mirror
der Spiegel

6 Garden

Der Garten

wheelbarrow
die Schubkarre

tree
der Baum

rake
der Rechen

Noch mehr Wörter

watering can
die Gießkanne

fence
der Zaun

bulb
die Blumenzwiebel

bush
der Busch

leaf
das Blatt

lawn
der Rasen

gardener
der Gärtner
die Gärtnerin

greenhouse
das Gewächshaus

grass
das Gras

lawn mower
der Rasenmäher

Usually butterflies fly in the day and moths fly at night.

What colour is the ladybird on this page? ?

snail
die Schnecke

earth worm
der Regenwurm

butterfly
der Schmetterling

bee
die Biene

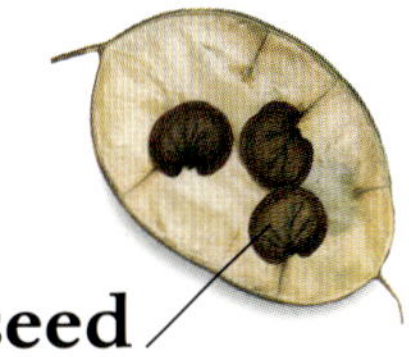

seed
der Samen

ladybird
der Marienkäfer

Flowers are **growing** in the **garden**.

Maria is **digging** in the **garden**.

flower
die Blume

caterpillar
die Raupe

soil
die Erde

spade
der Spaten

Schmetterlinge fliegen gewöhnlich tagsüber, Nachtfalter dagegen nachts.

7 City life

In der Stadt

bus
der Bus

house
das Haus

What is the time on the blue clock?

clock
die Uhr

skyscraper
der Wolkenkratzer

Some **cities** have **tall buildings** called **skyscrapers**.

flat
die Wohnung

street
die Straße

shop
das Geschäft

City life

Tokyo in Japan is one of the biggest cities in the world.

Noch mehr Wörter

bus stop
die Bushaltestelle

motorway
die Autobahn

station
der Bahnhof

road
die Landstraße

pavement
der Bürgersteig

church
die Kirche

café
das Café

restaurant
das Restaurant

phone
das Telefon

sign
das Schild

traffic lights
die Ampel

street light
die Straßenlaterne

cinema
das Kino

hotel
das Hotel

crossing
die Kreuzung

taxi
das Taxi

Tokio in Japan ist eine der größten Städte der Welt.

In the park

Im Park

kite
der Drachen

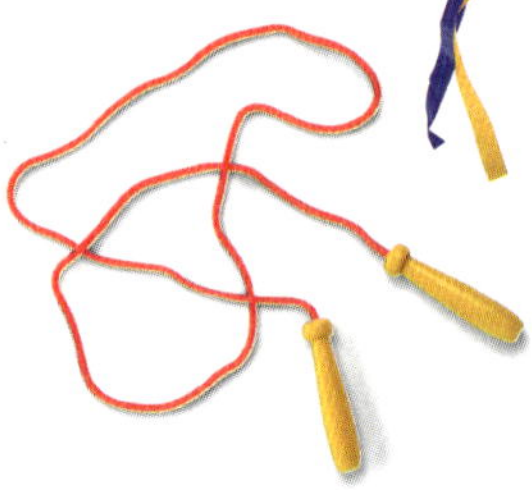

skipping rope
das Springseil

skateboard
das Skateboard

flowers
die Blumen

roundabout
das Karussell

The **birds** are **noisy**.

tree
der Baum

swing
die Schaukel

boy
der Junge

football
der Fußball

My **favourite game** is football.

butterfly
der Schmetterling

bird
der Vogel

bike
das Fahrrad

leaf
das Blatt

grass
das Gras

Hobbies

Hobbys

My **flowers** are growing.

gardening
die Gartenarbeit

to camp
zelten

I am ready to go **swimming**.

to swim
schwimmen

to play an instrument
ein Instrument spielen

Danielle **practises** every day.

to watch birds
Vögel beobachten

to dance
tanzen

Surfing began in Hawaii about 300 years ago.

Noch mehr Wörter

to sing
singen

to collect
sammeln

to draw
zeichnen

to cook
kochen

to skate
Rollschuh laufen

to act
Theater spielen

to cycle
Fahrrad fahren

to read
lesen

to play
spielen

to surf
surfen

What is your favourite hobby?

I **jump** and **stretch** in gymnastics.

gymnastics
die Gymnastik

to take a photo
fotografieren

to paint
malen

to write
schreiben

Das Surfen begann in Hawaii vor ungefähr 300 Jahren.

10 Food

Essen

orange
die Orange

apple
der Apfel

watermelon
die Wassermelone

banana
die Banane

tomato
die Tomate

carrot
die Karotte

lettuce
der Salat

cabbage
der Kohl

We are **eating** spaghetti!

A pineapple is a fruit.

pineapple
die Ananas

A carrot is a vegetable and a root.

potato
die Kartoffel

egg
das Ei

yoghurt
der Jogurt

milk
die Milch

jam
die Marmelade

What do you eat for breakfast?

I like **bread** with **honey**.

bread
das Brot

butter
die Butter

honey
der Honig

pasta
die Nudeln

meat
das Fleisch

Noch mehr Wörter

biscuit
der Keks

flour
das Mehl

fruit
das Obst

vegetable
das Gemüse

onion
die Zwiebel

chicken
das Hühnchen

cheese
der Käse

spaghetti
die Spagetti

sugar
der Zucker

salt
das Salz

Die Karotte ist eine Wurzel und gehört zum Gemüse.

11 Shopping

Beim Einkaufen

Do you like to go shopping?

market
der Markt

price
der Preis

money
das Geld

shopping bag
die Einkaufstasche

I **have** to **buy** some **food**.

We are **waiting** in the **queue**.

trolley
der Einkaufswagen

basket
der Korb

The first shopping trolley was invented more than 60 years ago!

waitress
die Kellnerin

café
das Café

shopping list
die Einkaufsliste

supermarket
der Supermarkt

bakery
die Bäckerei

bookshop
der Buchladen

She has lots of **shopping bags.**

shopper
die Käuferin

Noch mehr Wörter

to buy
kaufen

pay
bezahlen

checkout
die Kasse

receipt
der Kassenzettel

to go shopping
einkaufen gehen

shop
der Laden

pharmacy
die Apotheke

shop assistant
der Verkäufer

closed
geschlossen

Der erste Einkaufswagen wurde vor mehr als 60 Jahren erfunden!

drink
das Getränk

sandwiches
die belegten Brote

birthday cards
die Geburtstags-
karten

candles
die Kerzen

birthday cake
der Geburtstags-
kuchen

At the party

Auf der Party

It is fun **to play** *with* **balloons.**

We like **to dance** to music.

CD player
der CD-Spieler

magician
der Zauberer

Can you see the **birthday cake**?

decorations
die Dekoration

presents
die Geschenke

balloons
die Luftballons

camera
der Fotoapparat

biscuits
die Kekse

ice-cream
die Eiskreme

sweets
die Bonbons

13 Free time

Freizeit

board game
das Brettspiel

ball
der Ball

robot
der Roboter

dice
die Würfel

laptop
der Laptop

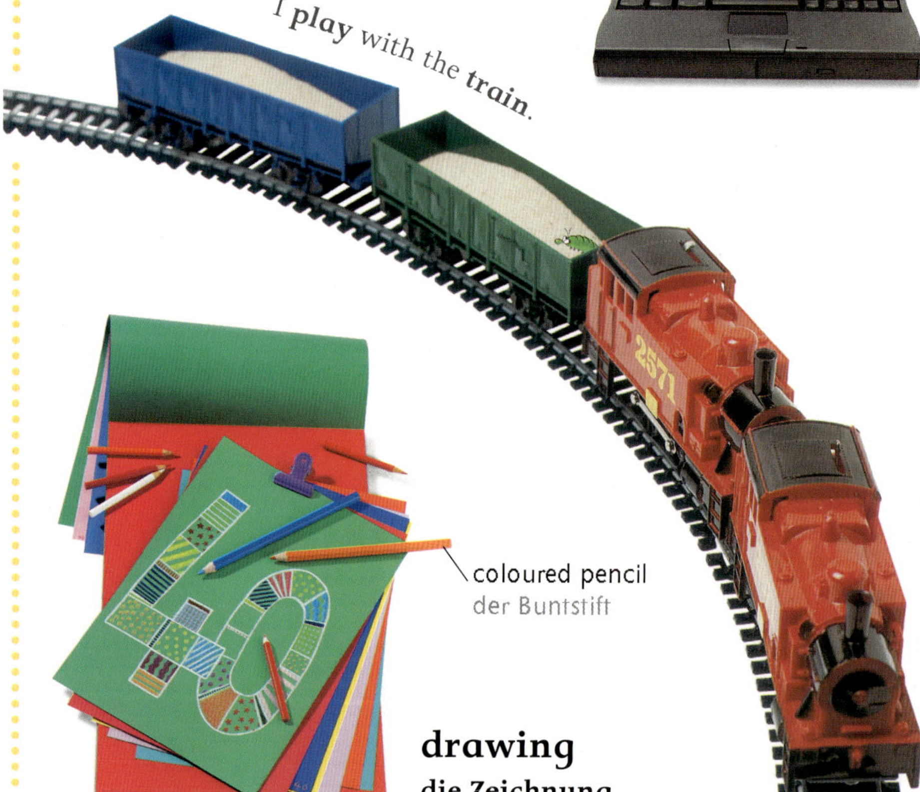

I play with the **train**.

drawing
die Zeichnung

train
der Zug

puzzle
das Puzzle

Noch mehr Wörter

to play hide-and-seek
Verstecken spielen

toy bricks
die Bauklötze

game
das Spiel

toy
das Spielzeug

puppet
die Handpuppe

mask
die Maske

doll
die Puppe

holidays
die Ferien

The first laptop was made more than 20 years ago.

cards
die Karten

CDs
die CDs

CD player
der CD-Spieler

computer game
das Computerspiel

He **moves** very fast!

to rollerblade
Rollschuh laufen

We love **puppet shows**!

puppet show
das Puppentheater

fancy dress
das Faschingskostüm

Do you like computer games?

Freizeit

Means of transport

Verkehrsmittel

plane
das Flugzeug

ferry
die Fähre

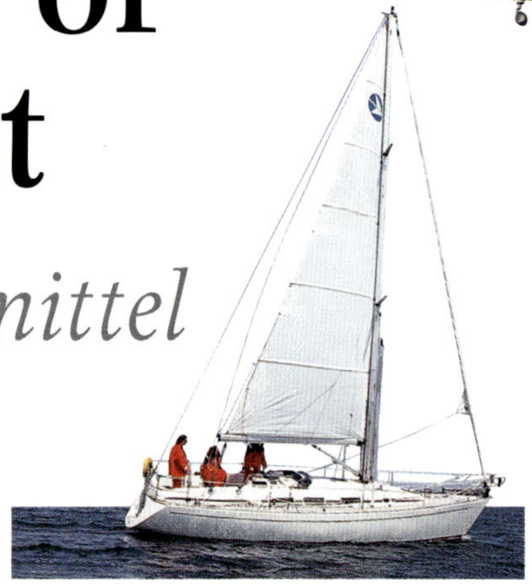

sailing boat
das Segelboot

taxi
das Taxi

lorry
der Lastwagen

bike
das Fahrrad

A **bus** takes **people** on a **journey**.

bus
der Bus

To the rescue

Rettungsdienst

fire engine
das Feuerwehrauto

The fastest fire engine reached 655 kilometres per hour in 1998!

A hot-air balloon **flies** in the sky.

hot-air balloon
der Heißluftballon

train
der Zug

car
das Auto

motorbike
das Motorrad

Noch mehr Wörter

coach
der Reisebus

ticket
die Fahrkarte

timetable
der Fahrplan

journey
die Reise

van
der Lieferwagen

petrol station
die Tankstelle

garage
die Garage

bus driver
der Busfahrer

traffic
der Verkehr

How many wheels are on this page?

?

police helicopter
der Polizeihubschrauber

police car
das Polizeiauto

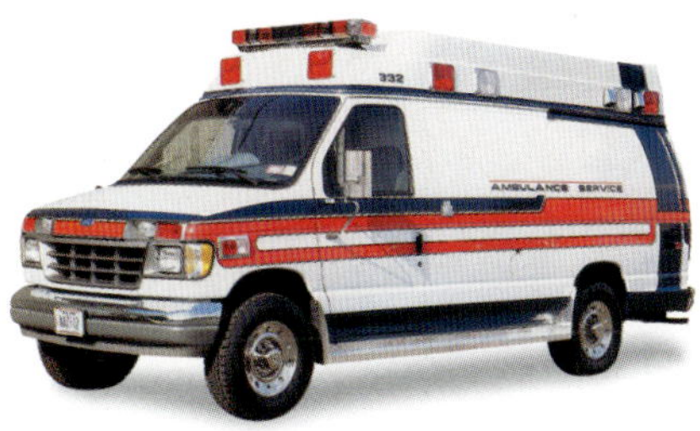

ambulance
der Krankenwagen

Im Jahr 1998 erreichte das schnellste Feuerwehrauto 655 Kilometer pro Stunde!

15 Jungle animals

Tiere im Dschungel

hummingbird
der Kolibri

butterfly
der Schmetterling

chimpanzee
der Schimpanse

bat
die Fledermaus

ant
die Ameise

spider
die Spinne

gorilla
der Gorilla

moth
der Nachtfalter

crocodile
das Krokodil

How many animals on this page can fly?

The biggest jungle in the world is in South America.

parrot
der Papagei

A **toucan** eats **food** with its **beak**.

toucan
der Tukan

Noch mehr Wörter

rainforest
der Regenwald

tree
der Baum

jaguar
der Jaguar

insect
das Insekt

lizard
die Eidechse

mammal
das Säugetier

bird
der Vogel

beetle
der Käfer

peacock
der Pfau

snake
die Schlange

frog
der Frosch

tiger
der Tiger

leopard
der Leopard

Der größte Urwald der Welt liegt in Südamerika.

16 World animals

Tiere aus aller Welt

koala
der Koala

deer
das Reh

lion
der Löwe

panda
der Panda

giraffe
die Giraffe

polar bear
der Eisbär

penguin
der Pinguin

whale
der Wal

baboon
der Pavian

bat
die Fledermaus

eagle
der Adler

wolf
der Wolf

pelican
der Pelikan

fox
der Fuchs

turtle
die Schildkröte

monkey
der Affe

How many birds are on this page?

A giraffe has the same number of bones in its neck as you!

camel
das Kamel

An **elephant** holds food with its **trunk**.

elephant
der Elefant

zebra
das Zebra

bear
der Bär

kangaroo
das Känguru

rhinoceros
das Nashorn

dolphin
der Delfin

Ein Giraffenhals hat genauso viele Knochen wie dein Hals!

On the farm

Auf dem Bauernhof

field
das Feld

tractor
der Traktor

wheat
der Weizen

lambs
die Lämmer

sheepdog
der Hirtenhund

cow
die Kuh

hay
das Heu

horse
das Pferd

chicken
das Huhn

ducklings
die Entenküken

18 Ocean

Das Meer

fishing boat
das Fischerboot

The **sail** is yellow and purple.

sailing boat
das Segelboot

sailor
der Matrose

seagull
die Möwe

Noch mehr Wörter

anchor
der Anker

buoy
die Boje

rowing boat
das Ruderboot

fishing
die Fischerei

harbour
der Hafen

wave
die Welle

sea
das Meer

seahorse
das Seepferdchen

A **whale** swims in the sea.

whale
der Wal

jellyfish
die Qualle

Oceans cover nearly three-quarters of the Earth's surface.

What colour is the submarine?

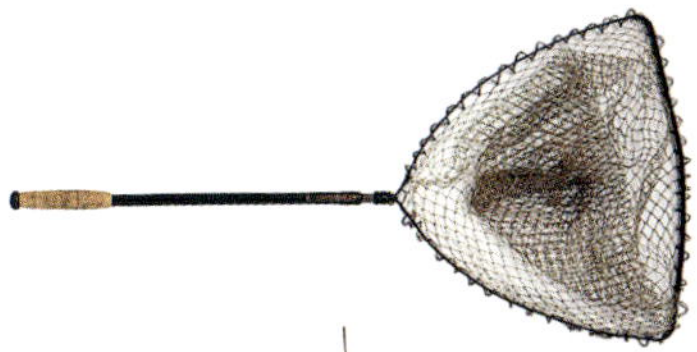

net
das Netz

ship
das Schiff

lifeboat
das Rettungsboot

lighthouse
der Leuchtturm

fin
die Flosse

fish
der Fisch

A **shark** has lots of **teeth**.

shark
der Hai

seaweed
die Alge

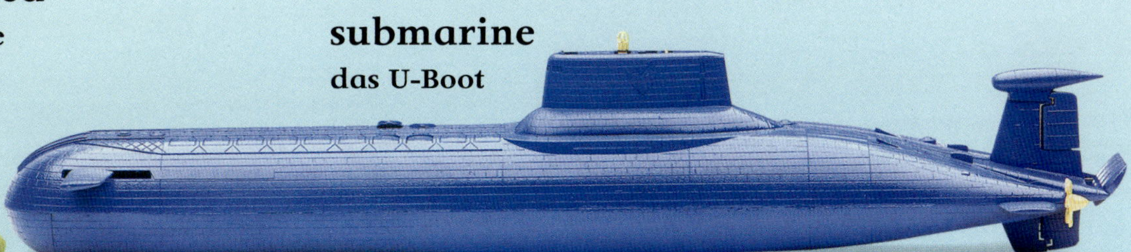

submarine
das U-Boot

Die Weltmeere bedecken fast drei Viertel der Erdoberfläche.

19

Nature

Die Natur

dragonfly
die Libelle

A **water lily** grows in **water**.

water lily
die Seerose

Toads usually have rough skin and frogs have smooth skin.

How many water lilies are there in the pond?

nest
das Nest

tadpoles
die Kaulquappen

wasp
die Wespe

fly
die Fliege

pond
der Teich

owl
die Eule

frog
der Frosch

Noch mehr Wörter

water
das Wasser

habitat
der Lebensraum

weed
das Unkraut

heron
der Reiher

insect
das Insekt

rabbit
das Kaninchen

bird
der Vogel

butterfly
der Schmetterling

hedgehog
der Igel

Die Natur

Kröten haben gewöhnlich eine raue Haut, während Frösche eine glatte Haut haben.

At the beach

Am Strand

bucket
der Eimer

spade
die Schaufel

crab
die Krabbe

shell
die Muschel

pebbles
die Kieselsteine

goggles
die Schwimmbrille

deck chair
der Liegestuhl

sunhat
der Sonnenhut

sand
der Sand

sandcastle
die Sandburg

21 At school

In der Schule

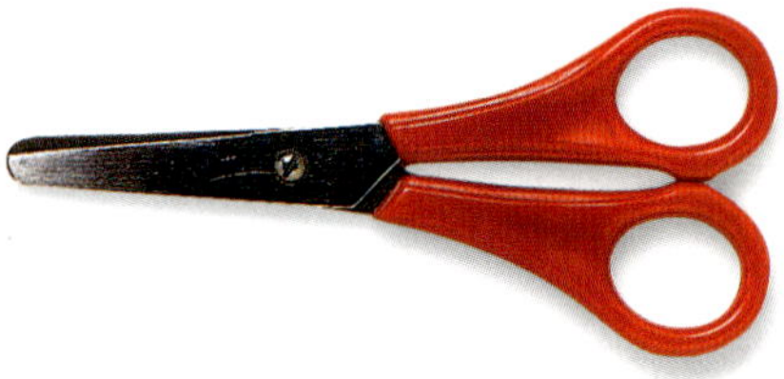

scissors
die Schere

coloured pencils
die Buntstifte

blackboard
die Tafel

ruler
das Lineal

rubber
der Radiergummi

pencil
der Bleistift

pen
der Füller

desk
der Schreibtisch

Children sit at **desks** in a **classroom**.

Noch mehr Wörter

alphabet
das Alphabet

chair
der Stuhl

to draw
zeichnen

to write
schreiben

to read
lesen

teacher
der Lehrer

classroom
das Klassenzimmer

homework
die Hausaufgaben

lesson
die Unterrichtsstunde

The longest pencil in the world is almost 20 metres long!

Can you see my **lunch** inside the **box**?

lunch box
die Brotdose

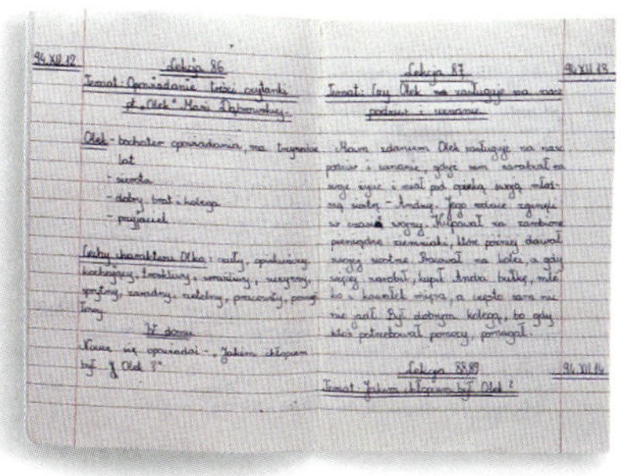

exercise book
das Heft

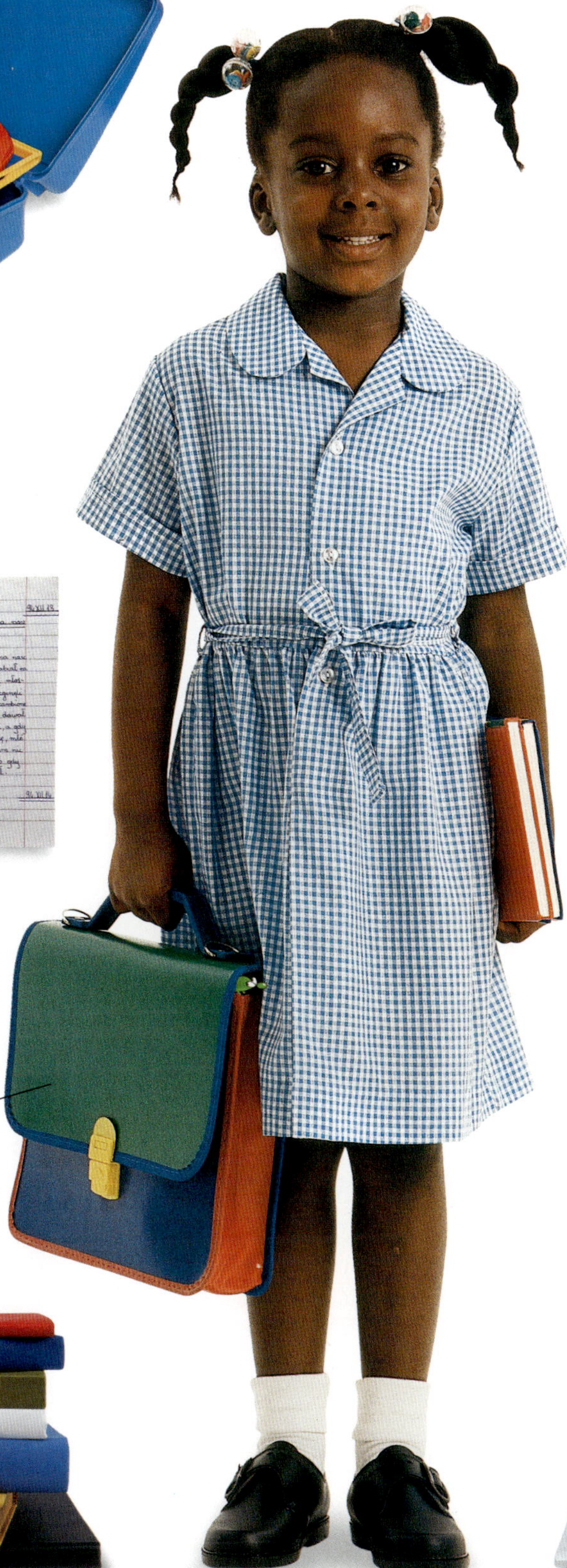

books
die Bücher

school uniform
die Schuluniform

How many books are on this page?

felt-tip pens
die Filzstifte

Find your **country** on a **globe**.

globe
der Globus

computer
der Computer

22 Sports

Sportarten

racket
der Tennisschläger

I wear a **helmet**.

to cycle
Fahrrad fahren

skiing
das Skifahren

ice skating
das Schlittschuh-laufen

gymnastics
die Gymnastik

We **play** basketball.

basketball
Basketball

golf
Golf

Amy **wants** to score a goal.

football
Fußball

There are about 28 different sports in the summer Olympic Games.

Noch mehr Wörter

athletics
Leichtathletik

Baseball
Baseball

hockey
Hockey

ice hockey
Eishockey

judo
Judo

karate
Karate

swimming
das Schwimmen

exercise
die Übung

What is your favourite sport?

to sail
segeln

diving
das Tauchen

I pull the oars.

to row
rudern

bat
das Schlagholz

rugby
Rugby

running
das Laufen

horse riding
das Reiten

tennis
Tennis

Bei den Olympischen Sommerspielen gibt es rund 28 verschiedene Sportarten.

23 Pets

Haustiere

My **dog's name** is Honey.

puppy
der Welpe

A turtle **moves** very **slowly**.

hamster
der Hamster

turtle
die Schildkröte

guinea pig
das Meerschweinchen

rabbit
das Kaninchen

What colours are in the guinea pig's fur? ?

cat
die Katze

goldfish
die Goldfische

A cat sleeps about 16 hours a day.

kitten
das Kätzchen

dog
der Hund

A **parrot** has **colourful feathers.**

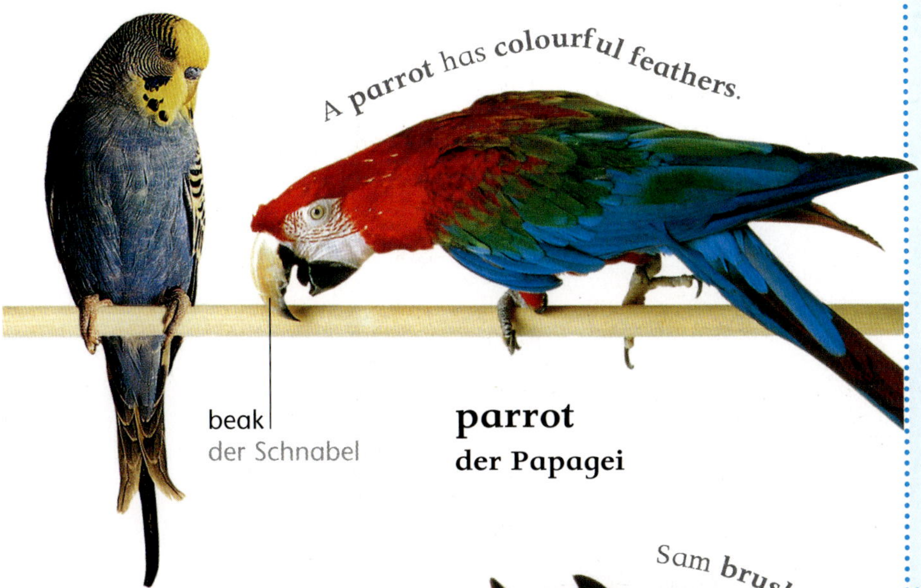

parrot
der Papagei

budgie
der Wellensittich

mouse
die Maus

Sam **brushes** the horse.

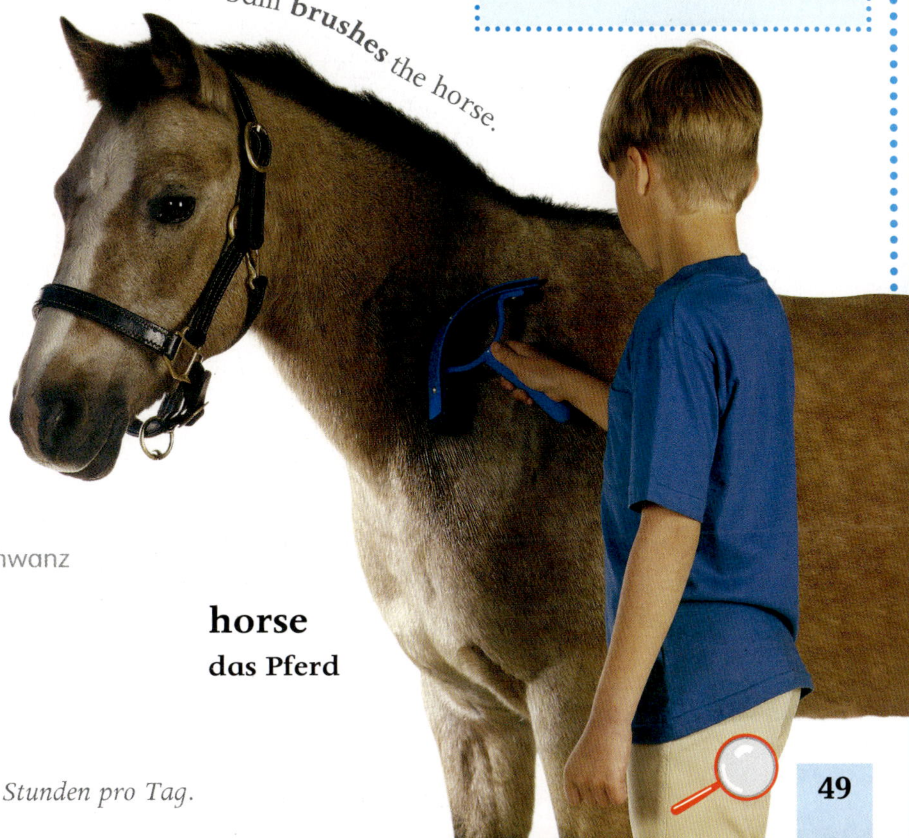

horse
das Pferd

Noch mehr Wörter

cage
der Käfig

canary
der Kanarienvogel

claw
die Kralle

fin
die Flosse

feather
die Feder

paw
die Pfote

basket
der Korb

vet
der Tierarzt
die Tierärztin

Eine Katze schläft ungefähr 16 Stunden pro Tag.

24 Colours and shapes

Farben und Formen

red
Rot

orange
Orange

yellow
Gelb

green
Grün

blue
Blau

purple
Lila

pink
Rosa

brown
Braun

black
Schwarz

curved
gebogen

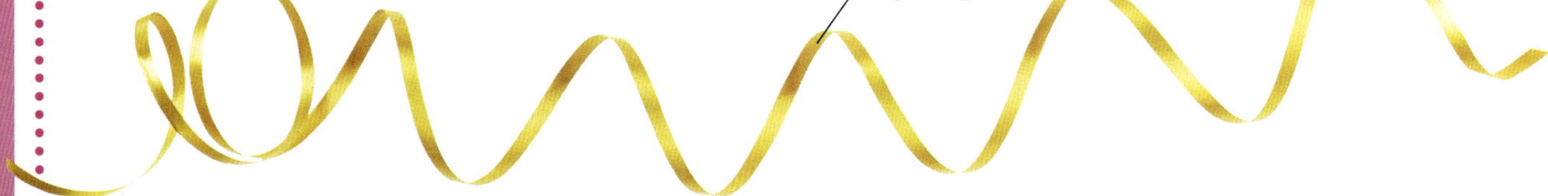

straight
gerade

What is your favourite colour?

All colours are a mixture of red, yellow or blue.

square
das Quadrat

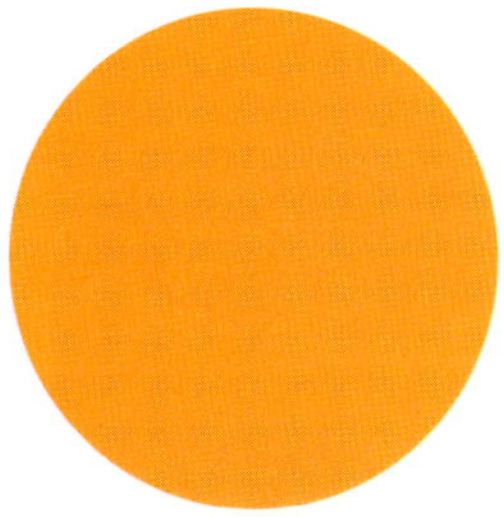

circle
der Kreis

rainbow
der Regenbogen

triangle
das Dreieck

diamond
die Raute

star
der Stern

rectangle
das Rechteck

Noch mehr Wörter

white
Weiß

grey
Grau

dark blue
Dunkelblau

colourful
bunt

semicircle
der Halbkreis

heart
das Herz

oval
oval

round
rund

cube
der Würfel

ball
die Kugel

Alle Farben sind eine Mischung aus den Grundfarben Rot, Gelb und Blau.

Opposites

Gegensätze

open
offen

rough
rau

smooth
glatt

closed
geschlossen

wet
nass

dry
trocken

Noch mehr Wörter

light
leicht

heavy
schwer

new
neu

full
voll

empty
leer

fast
schnell

slow
langsam

old
alt

young
jung

dirty
schmutzig

clean
sauber

Most pumpkins are orange, but you can grow white and blue ones!

Do you like hot drinks or cold drinks?

cold
kalt

hot
heiß

A **pumpkin** grows **fat** in the **autumn**.

fat
fett

This **vegetable** is very **thin**.

thin
dünn

soft
weich

hard
hart

A sunflower grows **tall**.

tall
lang

This **flower** is short.

short
kurz

small
klein

big
groß

Gegensätze

Die meisten Kürbisse sind orange, aber es gibt auch weiße und blaue!

Weather

Das Wetter

snowman
der Schneemann

snow
der Schnee

woolly hat
die Mütze

It is very **windy** today.

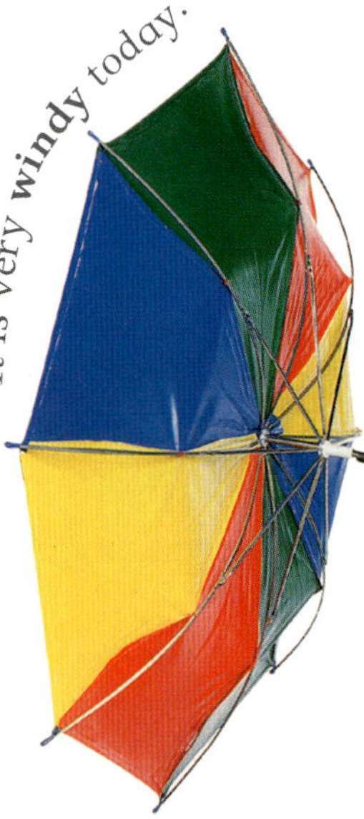

umbrella
der Regenschirm

autumn
der Herbst

winter
der Winter

snowflakes
die Schneeflocken

spring
der Frühling

I have a yellow **umbrella.**

summer
der Sommer

sun
die Sonne

I feel **hot** in the **sun.**

rain
der Regen

cloud
die Wolke

rainbow
der Regenbogen

sunglasses
die Sonnenbrille

cap
die Kappe

A B C D E F G H I J K L M N O P Q R S T U V W X Y Z

Wörterliste Deutsch-Englisch

Dies ist eine alphabetische Liste deutscher Wörter mit ihrer englischen Übersetzung. Die Verben (Tunwörter) haben ein eigenes Kapitel. Bei den englischen Substantiven (Namenwörtern) gibt es übrigens keinen Unterschied zwischen männlich, weiblich und sächlich wie im Deutschen. Alle haben den Begleiter *the*. Die Mehrzahl bildest du einfach, indem du ein „s" an das Namenwort hängst, zum Beispiel *apple – apples* („Äpfel").

A

der Apfel
apple

der Abend
evening
['iːvnɪŋ]

das Abendessen
dinner
['dɪnə(r)]

das Abenteuer
adventure
[əd'ventʃə(r)]

aber
but
[bʌt]

der Abfalleimer
bin
[bɪn]

der Abwasch
washing-up
[wɒʃɪŋ'ʌp]

der Adler
eagle
['iːgl]

die Adresse
address
[ə'dres]

der Affe
monkey
['mʌŋkɪ]

die Alge
seaweed
['siːwiːd]

alle
all
[ɔːl]

allein
alone
[ə'ləʊn]

alles
everything
['evrɪ'θɪŋ]

das Alphabet
alphabet
['ælfəbet]

alt
old
[əʊld]

die Ameise
ant
['ænt]

die Ampel
traffic lights
['træfɪk'laɪts]

an
on
[ɒn]

die Ananas
pineapple
['paɪnæpl]

andere, -r, -s
other
['ʌðə(r)]

anders, verschieden
different
['dɪfrənt]

der Anker
anchor
['æŋkə(r)]

die Ankunft
arrival
[ə'raɪvl]

die Antwort
answer
['aːnsə(r)]

die Ampel
traffic lights

der Anzug
suit
[suːt]

der Apfel
apple
['æpl]

die Apotheke
pharmacy
['faːməsɪ]

die Arbeit
job
[dʒɒb]

der Ärger
trouble
['trʌbl]

arm
poor
[pʊər]

der Arm
arm
['aːm]

das Armband
bracelet
['breɪslɪt]

die Armbanduhr
watch
[wɒtʃ]

der Ärmel
sleeve
[sliːv]

die Arznei
medicine
['medsn]

der Arzt, die Ärztin
doctor
['dɒktə(r)]

die Arztpraxis
surgery
['sɜːdʒərɪ]

der Ast
branch
['braːntʃ]

der Astronaut, die Astronautin
astronaut
['æstrənɔːt]

der Atlas
atlas
['ætləs]

au!
ouch!
[aʊtʃ]

auch
also, too
['ɒːlsəʊ], [tuː]

auf
on
[ɒn]

aufgeregt
excited
[ɪk'saɪtɪd]

der Aufkleber
sticker
['stɪkə(r)]

der Aufzug
lift
[lɪft]

das Auge
eye
[aɪ]

die Augenbraue
eyebrow
['aɪbraʊ]

aus
off
[ɒf]

der Ausgang
exit
['eksɪt]

die Ausrüstung
equipment
[ɪ'kwɪpmənt]

das Aussehen
appearance
[ə'pɪərəns]

außerhalb von
out of
[ˌaʊtəv]

der Astronaut
astronaut

äußerst
extremely
[ɪk'striːmlɪ]

der Ausweg
way out
[ˌweɪ'aʊt]

das Auto
car
[kaː(r)]

die Autobahn
motorway
['məʊtəweɪ]

die Avocado
avocado
[ˌævə'kaːdəʊ]

die Avocado
avocado

das Auto
car

die Tür
door

das Fenster
window

A B C D E F G H I J K L M N O P Q R S T U V W X Y Z

A B C D E F G H I J K L M N O P Q R S T U V W X Y Z

B

der Baum
tree

das Baby
baby
['beɪbɪ]

die Bäckerei
bakery
['beɪkərɪ]

der Badeanzug
swimsuit
[swɪmsu:t]

die Badehose
trunks
[trʌŋks]

der Bär
bear

die Badewanne
bathtub
[ba:θtʌb]

das Badezimmer
bathroom
[ba:θru:m]

der Bahnhof
(railway) station
['reɪlweɪˌsteɪʃn]

der Bahnsteig
platform
[plætfɔ:m]

bald
soon
[su:n]

der Balken
beam
[bi:m]

der Balkon
balcony
['bælkənɪ]

der Ball
ball
[bɔ:l]

der Balletttänzer, die Balletttänzerin
ballet dancer
['bæleɪ 'da:nsə(r)]

die Banane
banana
[bə'na:nə]

die Bank
bench
[bentʃ]

die Bank (Geld)
bank
[bæŋk]

der Bär
bear
[beə(r)]

der Bart
beard
[bɪəd]

Baseball
baseball
['beɪsbɔ:l]

Basketball
basketball
['ba:skɪtbɔ:l]

die Batterie
battery
['bætərɪ]

der Bauch
stomach, tummy
['stʌmək], ['tʌmɪ]

der Bauer, die Bäuerin
farmer
['fa:mə(r)]

der Bauernhof
farm
[fa:m]

der Bauklotz
toy brick
[tɔɪ brɪk]

der Baum
tree
[tri:]

der Becher
mug
[mʌg]

die Bedeutung
meaning
['mi:nɪŋ]

begeistert
enthusiastic
[ɪnˌθju:zɪ'æstɪk]

die Birne
pear

behindert
disabled
[dɪs'eɪbld]

bei
at
[ət]

das Bein
leg
[leg]

das belegte Brot
sandwich
['sænwɪdʒ]

beliebt
popular
['pɒpjʊlə(r)]

das Benzin
petrol
['petrəl]

bequem
comfortable
['kʌmftəbl]

bereit
ready
['redɪ]

der Berg
mountain
['maʊntɪn]

berühmt
famous
['feɪməs]

beschäftigt
busy
['bɪzɪ]

die Beschäftigung
activity
[æk'tɪvətɪ]

der Besen
broom
[bru:m]

besondere, -r, -s
special
['speʃl]

bessere, -r, -s
better
['betə(r)]

beste, -r, -s
best
[best]

das Bett
bed
[bed]

die Bettdecke
duvet
['du:veɪ]

bevorzugt
favourite
['feɪvərɪt]

die Biene
bee
[bi:]

das Bild
picture
['pɪktʃə(r)]

der Bildschirm
screen
[skri:n]

billig
cheap
[tʃi:p]

die Birne
pear
[pə(r)]

bis
until
[ən'tɪl)]

bitte
please
[pli:z]

das Blatt
leaf
[li:f]

die Blätter
leaves
[li:vz]

blau
blue
[blu:]

der Bleistift
pencil
['pensl]

der Blitz
lightning
['laɪtnɪŋ]

blond
blond
[blɒnd]

die Blume
flower
['flaʊə(r)]

die Blumen-zwiebel
bulb
[bʌlb]

die Bluse
blouse
[blaʊz]

das Blut
blood
[blʌd]

die Bohne
bean
[bi:n]

die Boje
buoy
[bɔɪ]

die Bonbons
sweets
[swi:ts]

das Boot
boat
[bəʊt]

braun
brown
[braʊn]

das Brettspiel
board game
[bɔ:d geɪm]

der Brief
letter
['letə(r)]

der Briefkasten
letter box
['letə(r) bɒks]

die Briefmarke
stamp
[stæmp]

der Briefumschlag
envelope
['envələʊp]

die Brille
glasses
[gla:sɪz]

das Brot
bread
[bred]

das Brötchen
roll
[rəʊl]

die Brotdose
lunch box
[lʌntʃ bɒks]

die Brücke
bridge
[brɪdʒ]

der Bruder
brother
['brʌðə(r)]

die Brust
chest
[tʃest]

das Buch
book
[bʊk]

die Bücherei
library
['laɪbrərɪ]

der Buchladen
bookshop
['bʊkʃɒp]

bunt
colourful
['kʌləfl]

der Buntstift
coloured pencil
['kʌləd 'pensl]

die Burg
castle
['ka:sl]

A B C D E F G H I J K L M N O P Q R S T U V W X Y Z

der Bürgersteig
pavement
['peɪvmənt]

das Büro
office
['ɒfɪs]

die Bürste (Haare)
hairbrush
['heəbrʌʃ]

der Bus
bus
[bʌs]

der Busch
bush
[bʊʃ]

der/die Bus-fahrer(in)
bus driver
[bʌs 'draivə(r)]

die Bushaltestelle
bus stop
[bʌs stɒp]

die Butter
butter
['bʌtə(r)]

C

das Café
café
['kæfeɪ]

die CD
CD
[siː'diː]

der CD-Spieler
CD player
[siː'diː 'pleɪə(r)]

die Chips
crisps
[krɪspz]

der Clown
clown
[klaʊn]

der Comic
comic
['kɒmɪk]

der Computer
computer
[kəm'pjuːtə(r)]

das Computer-spiel
computer game
[kəm'pjuːtə(r) geɪm]

der Cousin, die Cousine
cousin
['kʌzn]

der Cowboy
cowboy
['kaʊbɔɪ]

D

das Dach
roof
[ruːf]

der Dachboden
attic
[ætɪk]

der Dampf
steam
[stiːm]

dann
then
[ðen]

das
the, this
[ðə], [ðɪs]

das Datum
date
[deɪt]

der Daumen
thumb
[θʌm]

die Decke
blanket
['blæŋkɪt]

der Deckel
lid
[lɪd]

dein(e)
your
[jʊə(r)]

die Dekoration
decoration
[ˌdekə'reɪʃn]

der Delfin
dolphin
['dɒlfɪn]

der
the
[ðə]

dick
thick
[θ]

die
the
[ðə]

digital
digital
['dɪdʒɪtl]

das Ding
thing
[θɪŋ]

der Computer
computer

der Drachen
kite

der Dinosaurier
dinosaur
[ˈdaɪnəsɔː(r)]

die Disko
disco
[ˈdɪskəʊ]

das Dorf
village
[ˈvɪlɪdʒ]

dort
there
[ðə(r)]

dort drüben
over there
[əʊvə(r) ðə(r)]

die Dose
can
[kæn]

der Drache
dragon
[ˈdræɡən]

der Drachen
kite
[kaɪt]

draußen
outside
[ˌaʊtˈsaɪd]

dreckig
dirty
[ˈdɜːtɪ]

das Dreieck
triangle
[ˈtraɪæŋɡl]

drinnen
inside
[ɪnˈsaɪd]

der Dschungel
jungle
[ˈdʒʌŋɡl]

du
you
[juː]

dumm
stupid
[stjuːpɪd]

dunkel
dark
[daːk]

dunkelblau
dark blue
[daːkbluː]

dünn
thin
[θɪn]

durch
through
[θruː]

durstig
thirsty
[ˈθɜːstɪ]

die Dusche
shower
[ˈʃaʊə(r)]

das Duschgel
shower gel
[ˈʃaʊə(r) ˌdʒel]

die DVD
DVD
[diːviːdiː]

der DVD-Spieler
DVD player
[diːviːdiː ˈpleɪə(r)]

E

das Ei
egg

echte, -r, -s
real
[rɪəl]

die Ecke
corner
[ˈkɔːnə(r)]

der Edelstein
jewel
[ˈdʒuːəl]

die Ehefrau
wife
[waɪf]

der Ehemann
husband
[ˈhʌzbənd]

das Ei
egg
[eɡ]

das Eichhörnchen
squirrel
[ˈskwɪrəl]

die Eidechse
lizard
[ˈlɪzəd]

eigene, -r, -s
own
[əʊn]

der Eimer
bucket
[ˈbʌkɪt]

ein, eine
a, an
(vor Vokalen)
[eɪ], [ən]

einfach
easy, simple
[ˈiːzɪ], [ˈsɪmpl]

der Eingang
entrance
[ˈentrəns]

einige
some
[sʌm]

der Einkauf
shopping
[ʃɒpɪŋ]

die Einkaufsliste
shopping list
[ʃɒpɪŋ lɪst]

die Eidechse
lizard

die Eiskreme
ice-cream

die Einkaufs-tasche
shopping bag
[ˈʃɒpɪŋ bæg]

der Einkaufs-wagen
trolley
[ˈtrɒlɪ]

die Einladung
invitation
[ˌɪnvɪˈteɪʃn]

die Eintrittskarte
ticket
[ˈtɪkɪt]

das Eis
ice
[aɪs]

der Eisbär
polar bear
[ˈpəʊlə(r) beə(r)]

Eishockey
ice hockey
[aɪs ˈhɒkɪ]

die Eiskreme
ice-cream
[aɪskriːm]

der Eiswürfel
ice cube
[aɪskjuːb]]

der Elefant
elephant
[ˈelɪfənt]

elektrisch
electrical
[ˈɪlektrɪkl]

der Ellbogen
elbow
[ˈelbəʊ]

die Eltern
parents
[ˈpeərənt]

die E-Mail
email
[ˈiːmeɪl]

die E-Mail-Adresse
email address
[ˈiːmeɪl əˈdres]

das Ende
end
[end]

eng
narrow
[nærəʊ]

England
England
[ˈɪŋglənd]

Englisch
English
[ˈɪŋglɪʃ]

die Ente
duck
[dʌk]

das Entenküken
duckling
[ˈdʌklɪŋ]

er
he
[hiː]

die Erbse
pea
[piː]

die Erdbeere
strawberry
[ˈstrɔːbərɪ]

die Erde
earth, soil
[ɜːθ], [sɔɪl]

Erdkunde
geography
[dʒɪˈɒgrəfɪ]

die Erdnuss
peanut
[ˈpiːnʌt]

die Erkältung
cold
[kəʊld]

erstaunlich
amazing
[əˈmeɪzɪŋ]

erste, -r, -s
first
[fɜːst]

die erste Hilfe
first aid
[fɜːstˌeid]

der/die Erwachsene
adult
[ˈædʌlt]

es
it
[ɪt]

es gibt
there is (Einzahl)
[ðeə(r) ɪz]
there are (Mehrzahl)
[ðeə(r) aː(r)]

das Essen
food
[fuːd]

die Eule
owl

das Esszimmer
dining room
[ˈdaɪnɪŋ ruːm]

etwas
something
[ˈsʌmθɪŋ]

die Eule
owl
[aʊl]

euer, eure
your
[jʊə(r)]

die Explosion
explosion
[ɪkˈspləʊʒn]

die Erdbeere
strawberry

F

das Faschingskostüm
fancy dress

die Fabrik
factory
['fæktərɪ]

die Fahne
flag
[flæg]

die Fähre
ferry
['ferɪ]

der Fahrer
driver
['draɪvə(r)]

der Fahrgast
passenger
['pæsɪndʒə(r)]

die Fahrkarte
ticket
['tɪkɪt]

der Fahrplan
timetable
['taɪm,teɪbl]

das Fahrrad
bike
[baɪk]

das Fahrradfahren
cycling
['saɪklɪŋ]

falsch
wrong
[rɒŋ]

die Familie
family
['fæməlɪ]

fantastisch
fantastic
[fæn'tæstɪk]

die Farbe
colour
['kʌlə(r)]

der Farbtopf
paint tin
[peɪnt tɪn]

das Faschingskostüm
fancy dress
['fænsɪ dres]

fast
almost, nearly
['ɔːlməʊst], ['nɪəlɪ]

faul
lazy
['leɪzɪ]

der Fausthandschuh
mitten
['mɪtn]

die Feder
feather
['feðə(r)]

Federball
badminton
['bædmɪntən]

das Federmäppchen
pencil case
['penslkeɪs]

die Fee
fairy
['feərɪ]

der Fehler
mistake
[mɪ'steɪk]

fein
fine
[faɪn]

das Feld
field
[fiːld]

das Fell
fur
[fɜ(r)]

der Fels
rock
[rɒk]

das Fenster
window
['wɪndəʊ]

die Ferien
holidays
['hɒlədeɪz]

A B C D E F G H I J K L M N O P Q R S T U V W X Y Z

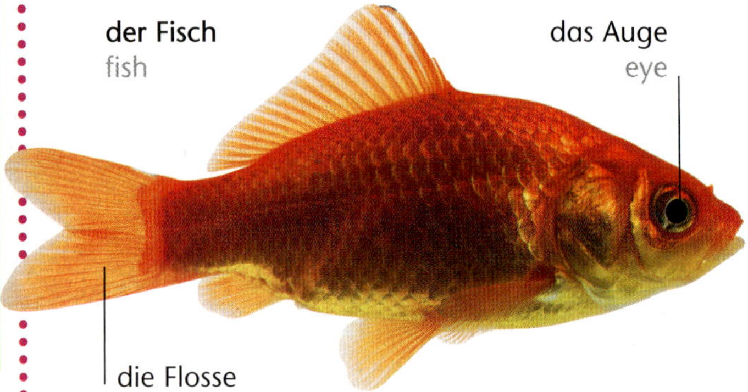

die Fernbedienung
remote control
[rɪ'məʊt kən'trəʊl]

das Fernglas
binoculars
[bɪ'nɒkjʊləz]

das Fernrohr
telescope
['telɪskəʊp]

der Fernseher
television
['telɪˌvɪʒn]

fertig
ready
['redɪ]

fest
tight
[taɪt]

das Fest
party
['pa:tɪ]

die Festplatte
hard drive
['ha:ddraɪv]

der Festumzug
parade
[pə'reɪd]

fett
fat
[fæt]

das Feuer
fire
['faɪə(r)]

das Feuerwehrauto
fire engine
['faɪə(r) 'endʒɪn]

der Feuerwehrmann
firefighter
['faɪə(r) 'faɪtə(r)]

der Film
film
[fɪlm]

der Filmstar
film star
['fɪlmsta:(r)]

der Filzstift
felt-tip pen
[feltɪp pen]

der Finger
finger
['fɪŋgə(r)]

der Fisch
fish
[fɪʃ]

das Fischerboot
fishing boat
[fɪʃɪŋ bəʊt]

die Fischerei
fishing
[fɪʃɪŋ]

fit
fit
[fɪt]

flach
flat
[flæt]

die Flasche
bottle
['bɒtl]

der Fleck
spot
[spɒt]

die Fledermaus
bat
[bæt]

die Fleecejacke
fleece
[fli:s]

das Fleisch
meat
[mi:t]

die Fliege
fly
[flaɪ]

die Flosse
fin
[fɪn]

die Flöte
flute
[flu:t]

der Flügel
wing
[wɪŋ]

der Flughafen
airport
['eəpɔ:t]

das Flugzeug
plane
[pleɪn]

der Flur
hall
[hɔ:l]

der Fluss
river
[rɪvə(r)]

das Flussufer
bank
[bæŋk]

die Flut
flood
[flʌd]

die Form
shape
[ʃeɪp]

das Flugzeug
plane

das Foto
photo
[ˈfəʊtəʊ]

der Fotoapparat
camera
[ˈkæmərə]

die Frage
question
[ˈkwestʃən]

Frankreich
France
[frɑːns]

Französisch
French
[frentʃ]

die Frau
woman
[ˈwʊmən]

frech
naughty
[ˈnɔːtɪ]

die Freiheit
freedom
[ˈfriːdəm]

die Freizeit
free time
[ˈfriːtaɪm]

der Freund
friend
[frend]
boyfriend
[ˈbɔɪfrend]

die Freundin
friend
[frend]
girlfriend
[gɜːlfrend]

freundlich
kind
[kaɪnd]

der Frieden
peace
[piːs]

friedlich
peaceful
[piːsfəl]

frisch
fresh
[freʃ]

der Friseur, die Friseurin
hairdresser
[ˈheəˌdresə(r)]

der Frosch
frog
[frɒg]

früh
early
[ˈɜːlɪ]

der Frühling
spring
[sprɪŋ]

das Frühstück
breakfast
[ˈbrekfəst]

der Fuchs
fox
[fɒks]

für
for
[fɔː(r)]

der Fuß
foot
[fʊt]

Fußball
football
[ˈfʊtbɒl]

der Fußboden
floor
[flɔː(r)]

die Füße
feet
[fiːt]

das Futter
food
[fuːd]

der Frosch
frog

der Fußball
football

A B C D E F G H I J K L M N O P Q R S T U V W X Y Z

G

das Gänseblümchen
daisy

die Gabel
fork
['fɔːk]

das Gänse-blümchen
daisy
['deɪzɪ]

die Garage
garage
['gæraːʒ]

der Garten
garden
['gaːdn]

die Gartenarbeit
gardening
['gaːdnɪŋ]

der Gärtner, die Gärtnerin
gardener
['gaːdnə(r)]

das Gas
gas
[gæs]

das Gebäude
building
['bɪldɪŋ]

das Gebiet
area
['eərɪə]

gebogen
curved
[kɜːvd]

der Geburtstag
birthday
['bɜːθdeɪ]

die Geburtstags-karte
birthday card
['bɜːθdeɪkaː(r)d]

der Geburtstags-kuchen
birthday cake
['bɜːθdeɪkeik]

geduldig
patient
['peɪʃnt]

die Gefahr
danger
['deɪndʒə(r)]

gefährlich
dangerous
['deɪndʒərəs]

der Gefrier-schrank
freezer
['friːzə(r)]

der Gegensatz
opposite
['ɒpəzɪt]

gegenüber
opposite
['ɒpəzɪt]

das Gehirn
brain
[breɪn]

die Geige
violin

die Geldbörse
purse

die Geige
violin
[ˌvaɪə'lɪn]

gelb
yellow
['jeləʊ]

das Geld
money
['mʌnɪ]

die Geldbörse
purse
['pɜːs]

das Gemüse
vegetable
['vedʒitəbl]

genug
enough
[ɪ'nʌf]

das Gepäck
luggage
['lʌgɪdʒ]

der Gepard
cheetah
['tʃiːtə]

gerade
straight
[streɪt]

gerade eben
just
[dʒʌst]

geradewegs
directly
[dɪ'rektlɪ]

der Geruch
smell
[smel]

der Gesang
singing
['sɪngɪŋ]

das Geschäft, die Angelegenheit
business
['bɪznɪs]

das Geschäft, der Laden
shop
[ʃɒp]

das Geschenk
present
['preznt]

Geschichte
history
['hɪstrɪ]

die Geschichte, Erzählung
story
['stɔːrɪ]

geschieden
divorced
[dɪ'vɔːsd]

das Geschirr
dishes
['dɪʃɪz]

das Geschirrtuch
tea towel
['tiːtaʊəl]

geschlossen
closed
['kləʊsd]

das Gesetz
law
[lɔː]

das Gesicht
face
[feɪs]

das Gespenst
ghost
[gəʊst]

gestern
yesterday
['jestədeɪ]

die Gießkanne
watering can

gesund
healthy
['helθɪ]

das Getränk
drink
[drɪŋk]

das Getreide
cereal
['sɪərɪəl]

das Gewächshaus
greenhouse
['gri:nhaʊs]

das Gewicht
weight
[weɪt]

das Gewitter
thunderstorm
['θʌndəstɔ:m]

gewöhnlich
usually
['ju:ʒəlɪ]

die Gießkanne
watering can
['wɔ:tərɪŋ kæn]

die Giraffe
giraffe
[dʒɪ'ra:f]

die Gitarre
guitar
[gɪ'ta:(r)]

glänzend
shiny
['ʃaɪnɪ]

das Glas
glass
[gla:s]

glatt
smooth
[smu:θ]

das Gleiche
the same
[seɪm]

der Gletscher
glacier
['glæsɪə(r)]

der Globus
globe
[gləʊb]

die Glocke
bell
[bel]

glücklich, erfolgreich
lucky
['lʌkɪ]

die Gitarre
guitar

glücklich, zufrieden
happy
['hæpɪ]

das Gold
gold
[gəʊld]

der Goldfisch
goldfish
['gəʊldfɪʃ]

Golf
golf
[gɒlf]

der Gorilla
gorilla
[gə'rɪlə]

das Gras
grass
[gra:s]

grau
grey
[greɪ]

groß, lang
tall
[tɔ:l]

groß, schwer
big
[bɪg]

großartig
great
[greɪt]

Großbritannien
Great Britain
[greɪt 'brɪtn]

der Globus
globe

die Größe
size
[saɪz]

die Großeltern
grandparents
['græn,peərənts]

die Großmutter
grandmother
['græn,mʌðə(r)]

der Großvater
grandfather
['græn,fa:ðə(r)]

größte, -r, -s
biggest
['bɪggɪst]

grün
green
[gri:n]

die Gruppe
group
[gru:p]

der Gürtel
belt
[belt]

gut
good
[gʊd]

gut (bei Verben)
well
[wel]

die Gymnastik
gymnastics
[dʒɪm'næstɪks]

A B C D E F G H I J K L M N O P Q R S T U V W X Y Z

H

die Halskette
necklace

das Haar
hair
['heə(r)]

die Haarbürste
hairbrush
['heəbrʌʃ]

der Hafen
harbour
['hɑːbə(r)]

der Hai
shark
[ʃɑːk]

der Halbkreis
semicircle
['semɪˌsɜːkl]

die Hälfte
half
[hɑːf]

der Hals
neck
[nek]

das Halsband
collar
['kɒlə(r)]

die Halskette
necklace
[nekləs]

die Hals-schmerzen
sore throat
[sɔː(r) θrəʊt]

der Hammer
hammer
['hæmə(r)]

der Hamster
hamster
['hæmstə(r)]

die Hand
hand
[hænd]

der Handschuh
glove
[glʌv]

die Handtasche
handbag
['hændbæg]

das Handtuch
towel
['taʊəl]

das Handy
mobile phone
['məʊbaɪl fəʊn]

hart
hard
[hɑːd]

der Hamster
hamster

der Hase
hare
[heə(r)]

hässlich
ugly
['ʌglɪ]

hauptsächlich
mainly
['meɪnlɪ]

die Hauptstadt
capital
['kæpɪtl]

das Haus
house
[haʊs]

die Haus-aufgaben
homework
['həʊmwɜːk]

der Hausschuh
slipper
['slɪpə(r)]

das Haustier
pet
[pet]

die Haustür
front door
['frʌntdɔː(r)]

die Haut
skin
[skɪn]

das Heft
exercise book
['eksəsaɪz bʊk]

Heiligabend
Christmas Eve
['krɪsməs iːv]

heiß
hot
[hɒt]

die heiße Schokolade
hot chocolate
[hɒt 'tʃɒklət]

die Handtasche
handbag

der Heißluft-ballon
hot-air balloon
['hɒteə(r) bə'luːn]

der Held
hero
['hɪərəʊ]

hell
bright, light
[braɪt], [laɪt]

hellblau
light blue
[laɪtbluː]

der Helm
helmet
['helmɪt]

das Hemd
shirt
[ʃɜːt]

der Herbst
autumn
['ɔːtəm]

der Herd
cooker
['kʊkə(r)]

die Herde
flock
[flɒk]

hervorragend
excellent
['eksələnt]

das Herz
heart
[hɑːt]

das Heu
hay
[heɪ]

die Heuschrecke
grasshopper
[ˈgrɑːshɒpə(r)]

heute
today
[təˈdeɪ]

heute Abend
tonight
[təˈnaɪt]

die Hexe
witch
[wɪtʃ]

die Hilfe
help
[help]

die Himbeere
raspberry
[ˈrɑːsberɪ]

der Himmel
sky
[skaɪ]

hinauf
up
[ʌp]

hinein
into
[ˈɪntʊ]

der Honig
honey

hinter
behind
[bɪˈhaɪnd]

der Hintern
bottom
[ˈbɒtəm]

hinunter
down
[daʊn]

der Hirsch
deer
[dɪə(r)]

der Hirtenhund
sheepdog
[ʃiːpdɒg]

die Hitze
heat
[hiːt]

das Hobby
hobby
[ˈhɒbɪ]

hoch
high
[haɪ]

die Hochzeit
wedding
[ˈwedɪŋ]

Hockey
hockey
[ˈhɒkɪ]

die Höhle
cave
[keɪv]

das Holz
wood
[wʊd]

hölzern
wooden
[wʊdn]

der Honig
honey
[ˈhʌnɪ]

die Hose
trousers
[ˈtraʊzəz]

der Hut
hat

die Hosentasche
pocket
[ˈpɒkɪt]

das Hotdog
hot dog
[ˈhɒtdɒg]

das Hotel
hotel
[həʊˈtel]

hübsch
pretty
[ˈprɪtɪ]

der Hubschrauber
helicopter
[ˈhelɪkɒptə(r)]

die Hüfte
hip
[hɪp]

der Hügel
hill
[hɪl]

das Huhn
chicken
[tʃɪkn]

der Hund
dog
[dɒg]

das Hundefutter
dog food
[ˈdɒgfuːd]

hungrig
hungry
[ˈhʌŋgrɪ]

der Husten
cough
[kɒf]

der Hut
hat
[hæt]

die Hütte
hut
[hʌt]

I

ich
I
[aɪ]

der Igel
hedgehog
['hedʒhɒg]

ihr
you
[juː]

ihr(e)
her, their
[hɜː(r)], [ðə(r)]

immer
always
['ɔːlweɪz]

in
in
[ɪn]

innen
inside
['ɪnsaɪd]

das Insekt
insect
['ɪnsekt]

die Insel
island
['aɪlənd]

das Instrument
instrument
['ɪnstrʊmənt]

interessant
interesting
['ɪntrəstɪŋ]

irgendetwas
anything
['enɪθɪŋ]

irgendjemand
anybody
['enɪbɒdɪ]

J

die Jeans
jeans

die Jacke
jacket
['dʒækɪt]

der Jaguar
jaguar
['dʒægjʊə(r)]

das Jahr
year
[jɪə(r)]

die Jahreszeit
season
['siːzn]

der Jahrmarkt
fair
['feə(r)]

die Jeans
jeans
[dʒiːnz]

jede, -r, -s
every
['evrɪ]

jedermann
everybody
['evrɪbədɪ]

jemand
somebody
['sʌmbədɪ]

jene, -r, -s
that one
[ðæt wʌn]

jetzt
now
[naʊ]

der Jogurt
yoghurt
['jɒgət]

Judo
judo
['dʒʊːdəʊ]

jung
young
[jʌŋ]

der Junge
boy
[bɔɪ]

der Junge
boy

K

das Känguru
kangaroo

der Käfer
beetle
['biːtl]

der Kaffee
coffee
['kɒfɪ]

der Käfig
cage
[keɪdʒ]

das Kalb
calf
[kaːf]

die Kälber
calves
[kaːvz]

kalt
cold
[kəʊld]

das Kamel
camel
['kæml]

der Kamm
comb
[kəʊm]

der Kanarienvogel
canary
[kə'neərɪ]

das Känguru
kangaroo
[ˌkæŋgə'ruː]

das Kaninchen
rabbit
['ræbɪt]

das Kanu
canoe
[kə'nuː]

die Kappe
cap
[kæp]

kaputt
broken
['brəʊkn]

die Kapuze
hood
[hʊd]

Karate
karate
[kə'raːtɪ]

die Karotte
carrot
['kærət]

die Karte
card
[kaːd]

die Kartoffel
potato
[pə'teɪtəʊ]

das Karussell
roundabout
['raʊndəbaʊt]

der Käse
cheese
[tʃiːz]

die Kasse
checkout
['tʃekaʊt]

der Kassenzettel
receipt
[rɪs'iːt]

die Kassette
cassette
[kə'set]

das Kätzchen
kitten
['kɪtn]

die Katze
cat
[kæt]

der Käufer, die Käuferin
shopper
['ʃɒpə(r)]

der Kaugummi
chewing gum
['tʃuːɪŋ gʌm]

die Kaulquappe
tadpole
['tædpəʊl]

der Keks
biscuit
['bɪskɪt]

der Keller
cellar
['selə(r)]

der Kellner
waiter
['weɪtə(r)]

der Kiefernzapfen
pinecone

die Kellnerin
waitress
['weɪtrəs]

der Kern
seed
[siːd]

die Kerze
candle
['kændl]

der Kiefernbaum
pine tree
['paɪntriː]

der Kiefernzapfen
pinecone
['paɪnkəʊn]

der Kieselstein
pebble
['pebl]

der Kilometer
kilometre
['kɪləmiːtə(r)]

das Kind
child
[tʃaɪld]

die Kinder
children
['tʃɪldrən]

die Kinderkrippe
nursery
['nɜːsərɪ]

der Kinderwagen
buggy
['bʌgɪ]

das Kinn
chin
[tʃɪn]

das Kino
cinema
['sɪnəmə]

die Kirche
church
[tʃɜːtʃ]

das Kissen
pillow
['pɪləʊ]

klar
clear
[klɪə(r)]

die Klassen-arbeit
test
[test]

das Klassen-zimmer
classroom
['klaːsruːm]

das Klavier
piano
['pjaːnəʊ]

der Klebstoff
glue
[gluː]

klebrig
sticky
['stɪkɪ]

das Kleid
dress
[dres]

der Kleiderbügel
coat hanger
[kəʊt 'hæŋgə(r)]

der Kleider-schrank
wardrobe
['wɔːdrəʊb]

die Kleidung
clothes
[kləʊðz]

klein
little, small
[lɪtl], [smɔːl]

der Kompass
compass

die Klippe
cliff
[klɪf]

klug
clever, smart
['klevə(r)], [smaːt]

das Knie
knee
[niː]

der Knochen
bone
[bəʊn]

der Knopf
button
['bʌtn]

der Knoten
knot
[nɒt]

der Koala
koala
[kəʊ'aːlə]

die Königin
queen

der Koch, die Köchin
chef
[ʃef]

der Kochtopf
saucepan
['sɔːspən]

der Koffer
suitcase
['suːtkeɪs]

der Kohl
cabbage
['kæbɪdʒ]

der Kolibri
hummingbird
['hʌmɪŋ bɜːd]

die Kommode
chest of drawers
[tʃest əv 'drɔː(r)s]

der Kompass
compass
['kʌmpəs]

der König
king
[kɪŋ]

die Königin
queen
[kwiːn]

das Konzert
concert
['kɒnsət]

der Kopf
head
[hed]

das Kopfkissen
pillow
['pɪləʊ]

der Kopfsalat
lettuce
['letɪs]

die Kopf-schmerzen
headache
['hedeɪk]

der Korb
basket
['baːskɪt]

der Körper
body
['bɒdɪ]

köstlich
delicious
[dɪ'lɪʃəs]

das Kostüm
costume
['kɒstjuːm]

die Krabbe
crab
[kræb]

der Kragen
collar
['kɒlə(r)]

die Kralle
claw
[klɔː]

der Kranich
crane
[kreɪn]

krank
ill, sick
[ɪl], [sɪk]

das Krankenhaus
hospital
['hɒspɪtl]

die Kranken-schwester
nurse
[nɜːs]

der Kranken-wagen
ambulance
['æmbjʊləns]

die Krankheit
illness
['ɪlnɪs]

die Krawatte
tie
[taɪ]

die Krone
crown

die Kreide
chalk
[tʃɔːk]

der Kreis
circle
['sɜːkl]

die Kreuzung
crossing
['krɒsiŋ]

der Krieg
war
[wɔː(r)]

das Krokodil
crocodile
['krɒkədaɪl]

die Krone
crown
[kraʊn]

die Kröte
toad
[təʊd]

der Krug
jug
[dʒʌg]

die Küche
kitchen
[kɪtʃn]

der Kuchen
cake
[keɪk]

die Kugel
ball
[bɔːl]

die Kuh
cow
[kaʊ]

kühl
cool
[kuːl]

der Kühlschrank
fridge
[frɪdʒ]

das Küken
chick
[tʃɪk]

der Kunde, die Kundin
customer
['kʌstəmə(r)]

die Kunst
art
[aːt]

der Künstler, die Künstlerin
artist
['aːtɪst]

der Kürbis
pumpkin
['pʌmkɪn]

die Kurve
turn
[tɜːn]

kurz
short
[ʃɔːt]

der Kuss
kiss
[kɪs]

die Küste
coast
[kəʊst]

der Kürbis
pumpkin

L

der Liegestuhl
deck chair

der Laden
shop
[ʃɒp]

das Lamm
lamb
[læm]

die Lampe
lamp
[læmp]

das Land
land
[lænd]

die Landkarte
map
[mæp]

die Landstraße
road
[rəʊd]

lang
long
[lɒŋ]

langsam
slow
[sləʊ]

langweilig
boring
['bɔːrɪŋ]

längste, -r, -s
longest
['lɒŋgɪst]

der Laptop
laptop
['læptɒp]

der Lastwagen
lorry
['lɒrɪ]

das Laufen
running
['rʌnɪŋ]

laut
loud, noisy
[laʊd], ['nɔɪzɪ]

das Leben
life
[laɪf]

der Lebensraum
habitat
['hæbɪtæt]

leer
empty
[emptɪ]

der Lehrer, die Lehrerin
teacher
['tiːtʃə(r)]

leicht
easy, simple
['iːzɪ], ['sɪmpl]

leichtgewichtig
light
[laɪt]

die Leichtathletik
athletics
[æθ'letɪks]

leise
quiet
[kwaɪət]

die Leiter
ladder
['lædə(r)]

der Leopard
leopard
['lepəd]

letzte, -r, -s
last
[laːst]

der Leuchtturm
lighthouse
['laɪthaʊs]

die Leute
people
['piːpl]

das Lexikon
encyclopedia
[ɪnˌsaɪklə'piːdɪə]

die Libelle
dragonfly
['drægənflaɪ]

das Licht
light
[laɪt]

Lieblings-
favourite
['feɪvərɪt]

der Lieferwagen
van
[væn]

der Liegestuhl
deck chair
['dektʃeə]

lila
purple
['pɜːpl]

die Limonade
lemonade
['leməneɪd]

das Lineal
ruler
['ruːlə(r)]

die Linie
line
[laɪn]

A B C D E F G H I J K L M N O P Q R S T U V W X Y Z

der Luftballon
balloon

links
left
[left]

linkshändig
left-handed
[left'hændəd]

das Loch
hole
[həʊl]

locker
loose
[luːz]

lockig
curly
['kɜːlɪ]

der Löffel
spoon
[spuːn]

der Löwe
lion
['laɪən]

der Löwenzahn
dandelion
['dændɪlaɪən]

die Luft
air
[eə(r)]

der Luftballon
balloon
[bə'luːn]

die Lupe
magnifying glass
['mægnɪfaɪŋ glaːs]

M

die Marionette
puppet

das Mädchen
girl
[gɜːl]

der Magnet
magnet
['mægnɪt]

der Mähdrescher
combine harvester
[kəm'baɪn 'haːvɪstə(r)]

die Mahlzeit
meal
[miːl]

die Mama
mum
[mʌm]

manchmal
sometimes
['sʌmtaɪms]

der Mann
man
[mæn]

die Mannschaft
team
[tiːm]

der Mantel
coat
[kəʊt]

der Marienkäfer
ladybird
['leɪdɪbɜːd]

die Marionette
puppet
['pʌpɪt]

der Markt
market
['maːkɪt]

die Marmelade
jam
[dʒæm]

die Maschine
machine
[mə'ʃiːn]

die Maske
mask
[maːsk]

Mathematik
maths
[maːθs]

der Matrose
sailor
[seɪlə(r)]

die Matte
mat
[mæt]

die Mauer
wall
[wɔːl]

die Maus
mouse
[maʊs]

das Mauspad
mouse mat
[maʊs'mæt]

das Medikament
medicine
['medsn]

die Medizin
medicine
['medsn]

das Meer
sea, ocean
[siː], [əʊʃn]

das Meer-schweinchen
guinea pig
['gɪnɪ pɪg]

das Mehl
flour
['flaʊə(r)]

mehr als
more than
[mɔː(r) ðen]

mein(e)
my
[maɪ]

das meiste
most
[məʊst]

die meisten
most
[məʊst]

die Melone
melon
['melən]

die Melone
melon

das Messer
knife
[naɪf]

der Meter
metre
['miːtə(r)]

die Mikrowelle
microwave
['maɪkrəʊweɪv]

die Milch
milk
[mɪlk]

der Milchshake
milk shake
['mɪlkʃeɪk]

die Milliarde
billion
['bɪlɪən]

die Million
million
['mɪlɪən]

die Minute
minute
['mɪnɪt]

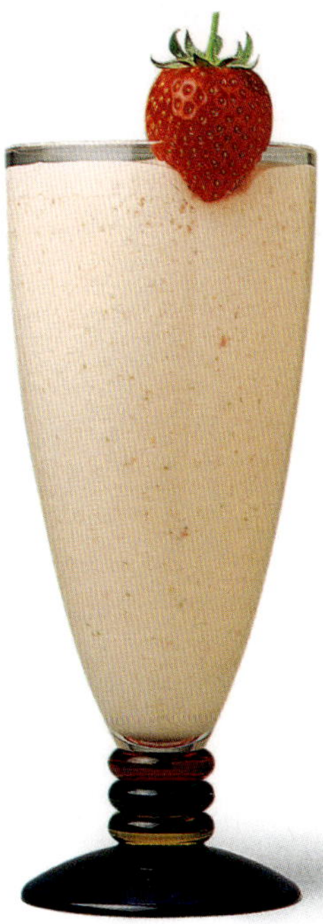

der Milchshake
milkshake

das Motorrad
motorbike

mir, mich
me
[miː]

die Mischung
mixture
['mɪkstʃə(r)]

mit
with
[wɪθ]

der Mitarbeiter, die Mitarbeiterin
assistant
[ə'sɪstənt]

das Mittagessen
lunch
[lʌntʃ]

die Mittagspause
lunch break
['lʌntʃbreɪk]

die Mitte
middle
[mɪdl]

der Mittelpunkt
centre
['sentə(r)]

Mitternacht
midnight
['mɪdnaɪt]

die Möbel
furniture
['fɜːnɪtʃə(r)]

die Mode
fashion
['fæʃn]

möglich
possible
['pɒsɪbl]

der Monat
month
[mʌnθ]

der Mond
moon
[muːn]

morgen
tomorrow
[təmɒ'rəʊ]

der Morgen
morning
['mɔːnɪŋ]

die Moschee
mosque
[mɒsk]

der Motor
motor
['məʊtə(r)]

das Motorrad
motorbike
['məʊtə(r) baɪk]

das Mountain-Bike
mountain bike
['maʊntɪn baɪk]

die Möwe
seagull
['siːgʌl]

müde
tired
['taɪəd]

der Mund
mouth
[maʊθ]

A B C D E F G H I J K L M N O P Q R S T U V W X Y Z

die Münze
coin
[kɔɪn]

die Murmel
marble
[mɑːbl]

die Muschel
shell
[ʃel]

das Museum
museum
[mjuːˈzɪəm]

die Musik
music
[ˈmjuːzɪk]

der Musiker, die Musikerin
musician
[mjuːˈzɪʃn]

das Müsli
muesli
[ˈmyːsli]

das Muster
pattern
[pætn]

mutig
brave
[breɪv]

die Mutter
mother
[ˈmʌðə(r)]

die Mütze
woolly hat
[ˈwʊlɪ hæt]

N

das Nest
nest

nach
after, past
[ˈɑːftə(r)], [pɑːst]

der Nachbar, die Nachbarin
neighbour
[ˈneɪbə(r)]

der Nachmittag
afternoon
[ˈɑːftə(r)nuːn]

nächste, -r, -s
next
[nekst]

die Nacht
night
[naɪt]

der Nachtfalter
moth
[mɒθ]

der Nachtisch
dessert
[dɪˈzɜːt]

die Nadel
needle
[ˈniːdl]

der Nagel
nail
[neɪl]

nahe bei
near
[nɪə(r)]

der Name
name
[neɪm]

die Nase
nose
[nəʊs]

das Nashorn
rhinoceros
[raɪˈnɒsərəs]

nass
wet
[wet]

die Natur
nature
[ˈneɪtʃə(r)]

der Nebel
fog
[fɒg]

neben
next to
[nekst tə]

das Nest
nest
[nest]

nett
nice
[naɪs]

das Netz
net
[net]

neu
new
[njuː]

neugierig
curious
[ˈkjʊərɪəs]

die Neuigkeit
news
[njuːs]

nichts
nothing
[ˈnʌθɪŋ]

nie
never
[ˈnever]

niedrig, tief
low
[ləʊ]

niemand
nobody
[ˈnəʊbədɪ]

nirgends
nowhere
[ˈnəʊweə(r)]

der Norden
north
[nɔːθ]

das Notizbuch
notebook
[ˈnəʊtbʊk]

die Nudeln
noodles, pasta
[ˈnʊdlz], [ˈpæstə]

nur
only
[ˈəʊnlɪ]

nützlich
useful
[ˈjuːsfəl]

das Notizbuch
notebook

der Filzstift
felt-tip pen

O

die Orange
orange

oben (Haus)
upstairs
[ˌʌp'steəz]

die Oberfläche
surface
['sɜːfɪs]

das Obst
fruit
[fruːt]

oder
or
[ɔː(r)]

der Ofen
oven
['ʌvn]

offen
open
['əʊpn]

oft
often
['ɒfn]

ohne
without
[wɪθ'aʊt]

das Ohr
ear
[ɪə(r)]

die Ohrenschmerzen
earache
['ɪə(r)eɪk]

die Olympischen Spiele
Olympic Games
['əlɪmpɪk geɪms]

der Onkel
uncle
['ʌnkl]

orange
orange
['ɒrɪndʒ]

die Orange
orange
['ɒrɪndʒ]

der Orangensaft
orange juice
['ɒrɪndʒ dʒʊːs]

der Osten
east
[iːst]

oval
oval
['əʊvl]

der Ozean
ocean
['əʊʃn]

der Orangensaft
orange juice

P

der Pelikan
pelican

das Paar
pair
[peə(r)]

die Palme
palm tree
[paːm triː]

der Panda
panda
['pændə]

der Papa
dad
[dæd]

der Papagei
parrot
['pærət]

das Papier
paper
['peɪpə(r)]

das Papiertaschentuch
tissue
['tɪʃuː]

das Papiertuch
paper towel
['peɪpə(r) 'taʊəl]

die Pappe
cardboard
['kaːdbɔːd]

der Park
park
[paːk]

der Patient, die Patientin
patient
['peɪʃnt]

die Pause
break
[breɪk]

der Pavian
baboon
[bə'buːn]

das Pedal
pedal
['pedl]

der Pelikan
pelican
['pelɪkən]

die Perle
bead
[biːd]

die Person
person
['pɜːsn]

der Pfad
path
[paːθ]

die Pfanne
frying pan
['fraɪŋpæn]

der Pfannkuchen
pancake
['pænkeɪk]

der Pfau
peacock
['piːkɒk]

der Pfeffer
pepper
['pepə(r)]

der Pfeil
arrow
['ærəʊ]

A B C D E F G H I J K L M N O P Q R S T U V W X Y Z

das Pferd
horse
[hɔːs]

der Pfiff
whistle
['wɪsl]

die Pflanze
plant
[plaːnt]

der Pfosten
pole
[pəʊl]

die Pfote
paw
[pɔː]

die Pfütze
puddle
['pʌdl]

das Picknick
picnic
['pɪknɪk]

der Pilot, die Pilotin
pilot
['paɪlət]

der Pilz
mushroom

der Pilz
mushroom
['mʌʃrʊm]

der Pinguin
penguin
['peŋgwɪn]

der Pinsel
paint brush
[peɪntˌbrʌʃ]

der Pirat
pirate
['paɪrɪt]

die Pizza
pizza
['piːtsə]

der Planet
planet
['plænɪt]

das Plastik
plastic
['plæstɪk]

die Plastiktüte
plastic bag
['plæstɪkbæg]

der Platz
place
[pleɪs]

plötzlich
suddenly
['sʌdnlɪ]

die Polizei
police
[pə'liːs]

das Polizeiauto
police car
[pə'liːsˌkaː(r)]

der Polizeihubschrauber
police helicopter
[pə'liːsˌhelɪkɒptə(r)]

der Polizist
policeman
[pə'liːsˌmæn]

die Pommes frites
chips
[tʃɪps]

das Postamt
post office
['pəʊstˌɒfɪs]

der Postbote
postman
['pəʊstˌmæn]

das Poster
poster
['pəʊstə(r)]

die Postkarte
postcard
['pəʊstˌkaːd]

die Postleitzahl
postcode
['pəʊstˌkəʊd]

der Preis
price
[praɪs]

der Prinz
prince
[prɪns]

die Prinzessin
princess
[prɪn'ses]

pro
per
[pɜː(r)]

das Problem
problem
['prɒbləm]

das Programm
programme
['prəʊgræm]

die Prüfung
exam
[ɪg'zæm]

der Pudding
pudding
['pʊdɪŋ]

das Pferd
horse

das Puder
powder
[ˈpaʊdə(r)]

der Pullover
jumper, sweater
[ˈdʒʌmpə(r)]

der Punkt
point
[pɔɪnt]

die Punktzahl, der Spielstand
score
[skɔː(r)]

die Puppe
doll
[dɒl]

das Puppentheater
puppet show
[ˈpʌpɪt ʃəʊ]

das Puzzle
puzzle
[pʌzl]

Q

das Quadrat
square
[skweə(r)]

die Qualle
jellyfish
[ˈdʒelɪfɪʃ]

quer durch
across
[əˈkrɒs]

R

der Regenschirm
umbrella

das Rad
wheel
[wiːl]

der Radiergummi
rubber
[ˈrʌbə(r)]

das Radio
radio
[ˈreɪdɪəʊ]

der Rahmen
frame
[freɪm]

die Rakete
rocket
[ˈrɒkɪt]

der Rasen
lawn
[lɔːn]

der Rasenmäher
lawn mower
[lɔːn məʊə(r)]

die Ratte
rat
[ræt]

rau
rough
[rʌf]

der Rauch
smoke
[sməʊk]

die Raupe
caterpillar
[ˈkætəpɪlə(r)]

die Raute
diamond
[ˈdɪəmənd]

der Rechen
rake
[reɪk]

das Rechteck
rectangle
[ˈrektæŋgl]

rechts
right
[raɪt]

rechtshändig
right-handed
[raɪtˈhændəd]

das Regal
shelf
[ʃelf]

der Regen
rain
[reɪn]

der Regenbogen
rainbow
[ˈreɪnbəʊ]

der Regenmantel
raincoat
[ˈreɪnkəʊt]

der Regenschirm
umbrella
[ʌmˈbrelə]

der Regenwald
rainforest
[ˈreɪnfɒrɪst]

der Regenwurm
earthworm
[ˈɜːθwɜːm]

die Regierung
government
[ˈgʌvənmənt]

das Reh
deer
[diː(r)]

reich
rich
[rɪtʃ]

reif
ripe
[raɪp]

der Reifen
tyre
[ˈtaɪə(r)]

der Reiher
heron
[ˈherən]

der Reis
rice
[raɪʃ]

die Reise
journey, trip
[ˈdʒɜːnɪ], [trɪp]

der Reisebus
coach
[kəʊtʃ]

der/die Reisende
passenger
[ˈpæsɪndʒə(r)]

der Reisepass
passport
[ˈpaːspɔːt]

der Reißverschluss
zip
[zɪp]

der Reißverschluss
zip

der Rennwagen
racing car

das Reiten
horse riding
['hɔːs raɪdɪŋ]

das Rennen
race
[reɪs]

der Rennwagen
racing car
['reɪsɪŋˌkaːə(r)]

das Restaurant
restaurant
['restrɒnt]

die Rettung
rescue
['reskjuː]

das Rettungsboot
lifeboat
['laɪfbəʊt]

der Rettungs-schwimmer
lifeguard
['laɪfgaːd]

das Rezept
recipe
['resɪpiː]

richtig
right
[raɪt]

die Richtung
direction
[daɪ'rekʃn]

der Riese
giant
['dʒaɪənt]

riesig
huge
[hjuːdʒ]

der Ring
ring
[rɪŋ]

ringsherum
around
[ə'raʊnd]

die Rippe
rib
[rɪb]

der Ritter
knight
[naɪt]

der Roboter
robot
['rəʊbɒt]

der Rock
skirt
[skɜːt]

der Rollschuh
skate
[skeɪt]

das Rollschuh-laufen
skating
['skeɪtɪŋ]

der Rollstuhl
wheelchair
['wiːlˌtʃeə(r)]

rosa
pink
[pɪnk]

die Rose
rose
[rəʊz]

rot
red
[red]

der Rücken
back
[bæk]

der Rucksack
rucksack
['rʌksæk]

rückwärts
backwards
['bækwədz]

das Ruder
oar
[ɔː(r)]

das Ruderboot
rowing boat
['rəʊwɪŋbəʊt]

Rugby
rugby
['rʌgbɪ]

ruhig
calm
[kaːm]

rund
round
[raʊnd]

der Rüssel
trunk
[trʌnk]

das Rollschuhlaufen
skating

S

der Sattel
saddle

der Sack
sack
[sæk]

der Saft
juice
[dʒuːs]

die Sahne
cream
[kriːm]

der Salat
lettuce
['letɪs]

das Salz
salt
[sɔːlt]

der Samen
seed
[siːd]

der Sand
sand
[sænd]

die Sandale
sandal
['sændl]

die Sandburg
sandcastle
['sændkaːsl]

sanft
gentle
[dʒentl]

der Sattel
saddle
[sædl]

sauber
clean
[kliːn]

das Säugetier
mammal
['mæml]

Schach
chess
[tʃes]

die Schachtel
box
[bɒks]

das Schaf
sheep
[ʃiːp]

der Schal
scarf
[skaːf]

die Schale
bowl, skin (fruit)
[bəʊl], [skɪn]

die Schafe
sheep

die Wolle
wool

der Schal
scarf

scharf, spitz
sharp
[ʃaːp]

der Schatten
shadow
['ʃædəʊ]

die Schaufel
spade
[speɪd]

die Schaukel
swing
[swɪŋ]

die Schere
scissors
['sɪzəz]

die Scheune
barn
[baːn]

das Schiff
ship
[ʃɪp]

das Schiffsdeck
deck
[dek]

das Schild
sign
[saɪn]

die Schildkröte
turtle
['tɜːtl]

der Schimpanse
chimpanzee
[ˌtʃɪmpæn'ziː]

der Schirm
umbrella
[ʌm'brelə]

der Schlafanzug
pyjamas
[pə'dʒaːməz]

der Schlafsack
sleeping bag
['sliːpɪŋbæg]

das Schlafzimmer
bedroom
['bedruːm]

das Schlagholz
bat
[bæt]

das Schlagzeug
drum kit
['drʌmkɪt]

der Schlamm
mud
[mʌd]

schlammig
muddy
['mʌdɪ]

A B C D E F G H I J K L M N O P Q R **S** T U V W X Y Z

die Schlange
snake
[sneɪk]

queue (Menschen)
[kjuː]

schlau
clever
['kleveə(r)]

schlecht
bad
[bæd]

schlechter
worse
[wɜː(r)s]

der Schlitten
sleigh
[sleɪ]

das Schlittschuh-laufen
ice skating
['aɪsskeɪtɪŋ]

das Schloss
castle
['kasːl]

der Schlüssel
key
[kiː]

der Schmetterling
butterfly
['bʌstəflaɪ]

die Schminke
make-up
['meɪkʌp]

der Schmuck
jewellery
['dʒuːəlrɪ]

schmutzig
dirty
['dɜːtɪ]

der Schnabel
beak
[biːk]

die Schnecke
snail
[sneɪl]

der Schnee
snow
[snəʊ]

der Schneeball
snowball
['snəʊbɔːl]

die Schneeflocke
snowflake
['snəʊfleɪk]

der Schneemann
snowman
['snəʊmæn]

schnell
quick, fast
[kwɪk], [faːt]

schnellste, -r, -s
fastest
['faːstɪst]

die Schnur
string
['strɪŋ]

der Schnurrbart
moustache
[mə'staːʃ]

das Schnurrhaar
whisker
['wɪskə(r)]

die Schokolade
chocolate
['tʃɒklət]

schon
already
[ɔːl'redɪ]

schön
beautiful
['bjuːtɪfl]

die Schönheit
beauty
['bjuːtɪ]

der Schornstein
chimney
['tʃɪmnɪ]

der Schrank
cupboard
['kʌbəd]

schrecklich
terrible
['terəbl]

der Schreibtisch
desk
[desk]

der Schritt
step
[step]

die Schubkarre
wheelbarrow
['wiːl,bærəʊ]

das Schlittschuhlaufen
ice skating

der Seestern
starfish

die Schublade
drawer
['drɔːə(r)]

schüchtern
shy
[ʃaɪ]

der Schuh
shoe
[ʃuː]

die Schule
school
[skuːl]

der Schüler, die Schülerin
pupil
['pjuːpl]

die Schultasche
school bag
['skuːlbæg]

die Schulter
shoulder
['ʃəʊldə(r)]

die Schuluniform
school uniform
['skuːlˌjuːnɪfɔːm]

der Schuppen
shed
[ʃed]

die Schürze
apron
['eɪprən]

die Schüssel
bowl
[bəʊl]

schwach
weak
[wiːk]

der Schwamm
sponge
[spʌndʒ]

der Schwan
swan
[swɒn]

der Schwanz
tail
[teɪl]

schwarz
black
[blæk]

das Schwein
pig
[pɪg]

schwer(gewichtig)
heavy
['hevɪ]

schwer, schwierig
difficult
['dɪfɪkəlt]

das Schwert
sword
[sɔːd]

die Schwester
sister
['sɪstə(r)]

das Schwimmbad
swimming pool
['swɪmɪŋpuːl]

die Schwimmbrille
goggles
['gɒglz]

das Schwimmen
swimming
['swɪmɪŋ]

die Schwimmweste
life jacket
['leɪfˌdʒækɪt]

der See
lake
[leɪk]

der Seehund
seal
[siːl]

der Seelöwe
sea lion
['siːlaɪən]

das Seepferdchen
seahorse
['siːhɔːs]

die Seerose
water lily
['wɔːtə(r) 'lɪlɪ]

der Seestern
starfish
['staːfɪʃ]

das Segel
sail
[seɪl]

das Segelboot
sailing boat
['seɪlɪŋ bəʊt]

das Segeln
sailing
['seɪlɪŋ]

sehr
very
['verɪ]

die Seife
soap
[səʊp]

die Seifenblase
bubble
['bʌbl]

das Seil
rope
[rəʊp]

sein(e)
his
[hɪs]

die Seite
page
[peɪdʒ]

seltsam
strange
[streɪndʒ]

die Seifenblasen
bubbles

A B C D E F G H I J K L M N O P Q R S T U V W X Y Z

der Sessel
armchair
['aːmtʃeə(r)]

das Shampoo
shampoo
[ʃam'puː]

die Shorts
shorts
[ʃɔːtz]

sicher, gewiss
sure
[ʃʊə(r)]

sicher, gefahrlos
safe
[seɪf]

Sie, sie (Einzahl)
you, she
[juː], [ʃiː]

sie (Mehrzahl)
they
[ðeɪ]

das Silber
silver
['sɪlvə(r)]

das Skateboard
skateboard
['skeɪtbɔːd]

das Skelett
skeleton
['skelətən]

das Skifahren
skiing
['skiːɪŋ]

die SMS
text message
['tekstˌmesɪdʒ]

das Snowboard
snowboard
['snəʊbɔːd]

die Socke
sock
[sɒk]

das Sofa
sofa
['səʊfə]

sofort
immediately
[ɪ'miːdɪətlɪ]

sogar
even
['iːvn]

der Sohn
son
[sʌn]

der Soldat
soldier
['səʊldʒə(r)]

der Sommer
summer
['sʌmə(r)]

die Sonne
sun
[sʌn]

der Sessel
armchair

das Skelett
skeleton

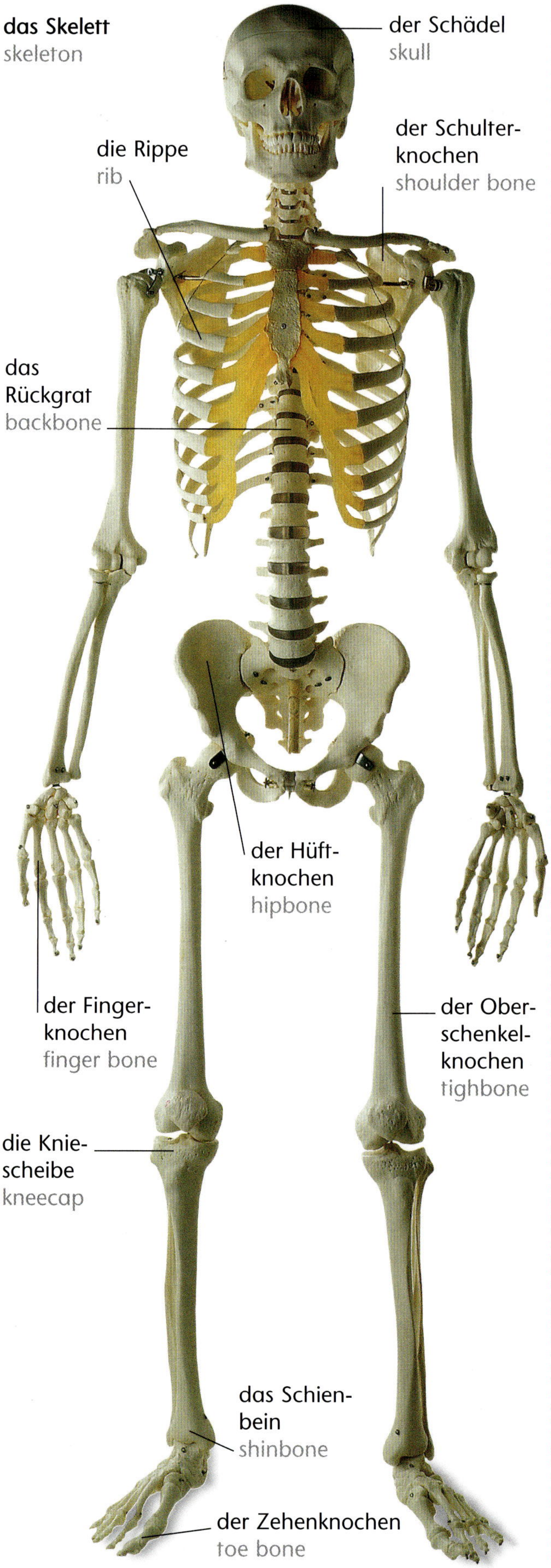

die Sonnenblume
sunflower

die Sonnenblume
sunflower
['sʌnˌflaʊə(r)]

die Sonnenbrille
sunglasses
['sʌnˌglɑːsɪz]

der Sonnenhut
sunhat
['sʌnhæt]

die Sonnenkreme
suncream
['sʌnkriːm]

der Sonnen-untergang
sunset
['sʌnset]

sonnig
sunny
['sʌnɪ]

die Spagetti
spaghetti
['spəgetɪ]

der Spaß
fun
[fʌn]

spät
late
[leɪt]

der Spaten
spade
[speɪd]

der Spaziergang
walk
[wɔːk]

die Speisekarte
menu
['menjuː]

der Spiegel
mirror
['mɪrə(r)]

das Spiel
game
[geɪm]

das Spiel (Sport)
match
[mætʃ]

der Spieler, die Spielerin
player
['pleɪə(r)]

der Spielplatz
playground
['pleɪgraʊnd]

das Spielzeug
toy
[tɔɪ]

die Spinne
spider
['spaɪdə(r)]

der Sport
sport
[spɔːt]

die Sportarten
sports
[spɔːts]

die Sprache
language
['læŋgwɪdʒ]

das Springseil
skipping rope
['skɪpɪŋrəʊp]

das Spülbecken
sink
[sɪnk]

die Stadt
city, town
['sɪtɪ], [taʊn]

das Springseil
skipping rope

der Stamm
trunk
[trʌnk]

stark
strong
[strɒŋ]

der Staub
dust
[dʌst]

steil
steep
[stiːp]

der Stein
stone
[stəʊn]

der Stern
star
[stɑː(r)]

der Stiefel
boot
[buːt]

die Stiefel
boots

die Stiefmutter
stepmother
['stepmʌðə(r)]

der Stiefvater
stepfather
['stepfɑːðə(r)]

der Stift
pen
[pen]

still, ruhig
quiet
['kwaɪət]

der Stock
stick
[stɪk]

der Strand
beach
[biːtʃ]

die Straße
street
[striːt]

die Straßen-laterne
street light
[striːt laɪt]

das Streichholz
match
[mætʃ]

A B C D E F G H I J K L M N O P Q R S T U V W X Y Z

A B C D E F G H I J K L M N O P Q R S T U V W X Y Z

die Streichholz-schachtel
matchbox
['mætʃbɒks]

der Streifen
stripe
[straɪp]

streng
strict
[strɪkt]

das Stroh
straw
[strɔː]

der Strohhalm
drinking straw
['drɪnkɪŋstrɔː]

der Strumpf
stocking
['stɒkɪŋ]

die Strumpfhose
tights
[taɪts]

der Stuhl
chair
[tʃeə(r)]

die Stunde
hour
['aʊə(r)]

der Sturm
storm
[stɔːm]

der Süden
south
[saʊθ]

der Supermarkt
supermarket
['supə(r),maːkɪt]

das Surfen
surfing
['sɜːfɪŋ]

T

die Tafel
blackboard

das Tablett
tray
[treɪ]

die Tafel
blackboard
['blækbɔːd]

der Tag
day
[deɪ]

das Tagebuch
diary
['daɪərɪ]

täglich
everyday
[evrɪ'daɪ]

die Taille
waist
[weɪst]

die Tankstelle
petrol station
['petrəlsteɪʃn]

die Tante
aunt
[ʌnt]

der Tänzer, die Tänzerin
dancer
['daːnsə(r)]

die Tasche
bag
[bæg]

die Tasche (Hose)
pocket
['pɒkɪt]

das Taschengeld
pocket money
['pɒkɪt mʌnɪ]

die Taschenlampe
torch
[tɔːtʃ]

der Taschen-rechner
calculator
['kælkjʊleɪtə(r)]

das Taschentuch
handkerchief
['hæŋkətʃɪf]

die Tasse
cup
[kʌp]

taub
deaf
[def]

der Teddybär
teddy bear

das Tauchen
diving
['daɪvɪŋ]

die Taucherbrille
diving goggles
['daɪvɪŋgɒglz]

tausend
thousand
['θaʊznd]

das Taxi
taxi
['tæksɪ]

der Teddybär
teddy bear
['tedɪbeə(r)]

der Tee
tea
[tiː]

der Teich
pond
[pɒnd]

das Taxi
taxi

das Telefon
phone

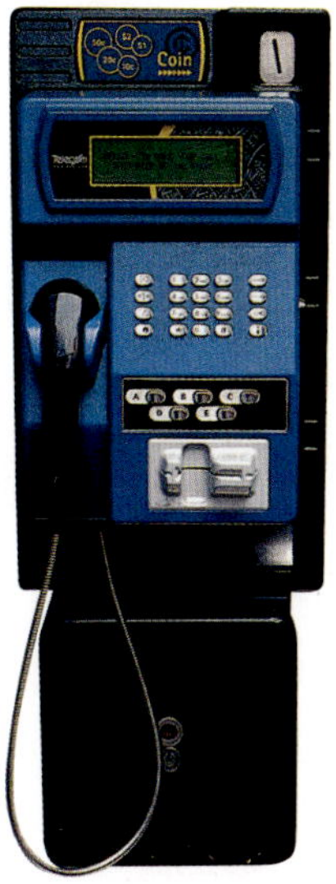

das Telefon
phone
[fəʊn]

der Teller
plate
[pleɪt]

Tennis
tennis
[ˈtenɪs]

der Tennisschläger
racket
[ˈrækɪt]

der Teppich
carpet
[ˈkɑːpɪt]

der Teppich, Vorleger
rug
[rʌg]

teuer
expensive
[ɪksˈpensɪv]

das Theater
theatre
[ˈθɪətə(r)]

das Theaterstück
play
[pleɪ]

tief
deep
[diːp]

das Tier
animal
[ˈænɪml]

der Tierarzt, die Tierärztin
vet
[vet]

der Tiger
tiger
[ˈtaɪgə(r)]

Tinte
ink
[ɪnk]

der Tisch
table
[ˈteɪbl]

Tischtennis
table tennis
[ˈteɪblˌtenɪs]

der Toaster
toaster
[ˈtəʊstə(r)]

die Tochter
daughter
[ˈdɔːtə(r)]

die Toilette
toilet
[ˈtɔɪlət]

das Toiletten-papier
toilet paper
[ˈtɔɪlətˌpeɪpə(r)]

toll
fantastic, great
[fænˈtæstɪk], [greɪt]

die Tomate
tomato
[təˈmɑːtəʊ]

die Tomatensoße
tomato sauce
[təˈmɑːtəʊˌsɔːs]

der Traktor
tractor

der Topfhand-schuh
oven glove
[ˈʌvnglʌv]

das Tor
goal
[gəʊl]

der Torwart
goalkeeper
[ˈgəʊlˌkiːpə(r)]

tot
dead
[ded]

der Tourist, die Touristin
tourist
[ˈtuːrɪst]

der Traktor
tractor
[ˈtræktə(r)]

die Trauben
grapes
[greɪps]

der Traum
dream
[driːm]

traurig
sad
[sæd]

der Treibstoff
fuel
[ˈfjuːəl]

tiger
der Tiger

der Truthahn
turkey

die Treppe
stairs
['steə(r)s]

trocken
dry
[draɪ]

die Trommel
drum
[drʌm]

der Tropfen
drop
[drɒp]

tropisch
tropical
['trɒpɪkl]

der Tukan
toucan

der Truthahn
turkey
['tɜːkɪ]

das T-Shirt
T-shirt
['tiːʃɜːt]

die Tube
tube
[tjuːb]

das Tuch
cloth
[klɒθ]

der Tukan
toucan
['tuːkaːn]

der Tunnel
tunnel
[tʌnl]

die Tür
door
[dɔː(r)]

die Turnschuhe
trainers
['treɪnə(r)s]

U

die Uhr
clock

die U-Bahn
subway
['sʌbweɪ]

über
about
[ə'baʊt]

über, oberhalb
above
[ə'bʌv]

überall
everywhere
['evrɪweə(r)]

überfüllt
crowded
['kraʊdɪd]

überraschend
surprising
[sə'praɪzɪŋ]

die Überraschung
surprise
[sə'praɪz]

das U-Boot
submarine
['sʌbməˌriːn]

die Übung
exercise
['eksəsaɪz]

die Uhr
clock
[klɒk]

die Uhr (Armband)
watch
[wɒtʃ]

umgedreht
upside down
['ʌpsaɪd daʊn]

der Umhang
cloak
[kləʊk]

die Umwelt
environment
[ɪn'vaɪərənmənt]

und
and
[ænd]

der Unfall
accident
['æksɪdənt]

ungefähr
about
[ə'baʊt]

das Ungeheuer
monster
['mɒnstə(r)]

ungerecht
unfair
[ʌn'feə(r)]

ungewöhnlich
unusual
[ʌn'juːʒl]

die Uniform
uniform
['juːnɪfɔːm]

die Uniform
uniform

das Unkraut
weed
[wiːd]

unmöglich
impossible
[ɪm'pɒsɪbl]

unser
our
['aʊə(r)]

unten
down
[daʊn]

unten (Haus)
downstairs
['daʊnsteə(r)s]

unter
under
['ʌndə(r)]

die Unterrichtsstunde
lesson
[lesn]

die Unterwäsche
underwear
['ʌndəweə(r)]

der Urlaub
holiday
['hɒlədeɪ]

V

der Vogel
bird

der Vampir
vampire
['væmpaɪə(r)]

der Vater
father
[faːðə(r)]

der Vegetarier, die Vegetarierin
vegetarian
[ˌvedʒɪ'teərɪən]

die Veränderung
change
[tʃeɪndʒ]

verängstigt
frightened
['fraɪtnd]

die Vergangenheit
past
[paːst]

verheiratet
married
['mærɪd]

der Verkäufer, die Verkäuferin
shop assistant
['ʃɒpəˌsɪstənt]

der Verkehr
traffic
['træfɪk]

die Verkehrsmittel
means of transport
[miːnz əv træn'spɔːt]

die Verletzung
injury
['ɪndʒərɪ]

das Versteckspiel
hide-and-seek
[ˌhaɪdn'siːk]

das Videogerät
video player
['vɪdɪəʊ 'pleɪə(r)]

das Videospiel
video game
['vɪdɪəʊ geɪm]

viele
a lot, many
[ə lɒt], ['mænɪ]

vielleicht
maybe, perhaps
['meɪbɪ], [pə'hæps]

das Viertel
quarter
['kwɔːtə(r)]

der Vogel
bird
[bɜːd]

voll
full
[fʊl]

von
from
[frɒm]

vor
ago
[ə'gəʊ]

der Vorhang
curtain
['kɜːtn]

vorsichtig
careful
['keəfl]

vorwärts
forward
['fɔːwəd]

W

der Wald
forest

wahr
true
[truː]

während
while, during
[waɪl], ['djuːrɪŋ]

wahrscheinlich
probably
['prɒbəblɪ]

der Wal
whale
[weɪl]

der Wald
forest
['fɒrɪst]

die Wand
wall
[wɔːl]

wann
when
[wen]

warm
warm
[wɔːm]

warum
why
[waɪ]

der Waschlappen
flannel

was
what
['wɒt]

das Waschbecken
sink, washbasin
[sɪnk], ['wɒʃˌbeɪsn]

der Waschlappen
flannel
[flænl]

die Wasch-maschine
washing machine
['wɒʃɪŋ mə'ʃiːn]

das Wasser
water
['wɔːtə(r)]

der Wasserhahn
tap
[tæp]

der Wasserkocher
kettle
[ketl]

die Wassermelone
watermelon
['wɔːtə(r) 'mələn]

der Wecker
alarm clock
[ə'laːmklɒk]

weg
away
[ə'weɪ]

weich
soft
[sɒft]

Weihnachten
Christmas
['krɪsməs]

der Weihnachts-baum
christmas tree
['krɪsməsˌtriː]

die Weihnachts-karte
christmas card
['krɪsməsˌkaːd]

weil
because
[biː'kɒz]

weiß
white
[waɪt]

weit, breit
wide
[waɪd]

weit, entfernt
far
[faː(r)]

der Weizen
wheat
[wiːt]

welche, -r, -s
what
[wɒt]

die Welle
wave
[weɪv]

der Wellensittich
budgie
['bʌdʒɪ]

der Wecker
alarm clock

die Welle
wave

der Welpe
puppy
['pʌpɪ]

die Welt
world
[wɜːld]

wer
who
[huː]

das Werkzeug
tool
[tuːl]

die Wespe
wasp
[wɒsp]

der Westen
west
[west]

das Wetter
weather
['weðə(r)]

wichtig
important
[ɪm'pɔːtnt]

wie
how
[haʊ]

wie (Vergleich)
like
[laɪk]

wieder
again
[ə'gen]

willkommen
welcome
['welkəm]

die Wimper
eyelash
['aɪlæʃ]

der Wind
wind
[wɪnd]

windig
windy
['wɪndɪ]

der Winter
winter
['wɪntə(r)]

winzig
tiny
['taɪnɪ]

der Wellensittich
budgie

der Wolkenkratzer
skyscraper

wir
we
[wiː]

die Wirbelsäule
backbone
['bækbəʊn]

wirklich
really
['rɪəlɪ]

die Wissenschaft
science
['saɪəns]

der Wissenschaftler, die Wissenschaftlerin
scientist
['saɪəntɪst]

der Witz
joke
[dʒəʊk]

wo
where
['weə(r)]

die Woche
week
[wiːː]

das Wochenende
weekend
[wiːk'end]

die Wohnung
appartment, flat
[ə'paːtmənt], [flæt]

das Wohnzimmer
living room
['lɪvɪŋruːm]

der Wolf
wolf
[wʊlf]

die Wolke
cloud
[klaʊd]

der Wolkenkratzer
skyscraper
['skaɪˌskreɪpə(r)]

wolkig
cloudy
['klaʊdɪ]

die Wolle
wool
[wʊl]

das Wort
word
[wɜːd]

das Wörterbuch
dictionary
['dɪkʃənrɪ]

die Würstchen
sausages

der Würfel
cube
[kjuːb]

die Würfel (Spiel)
dice
[daɪs]

der Wurm
worm
[wɜːm]

die Wurzel
root
[ruːt]

das Würstchen
sausage
['sɒsɪdʒ]

die Wüste
desert
['dezət]

wütend
angry
['æŋgrɪ]

die Würfel
dice

Y

die Yacht
yacht

die Yacht
yacht
[jɒt]

Z

die Zahnbürste
toothbrush

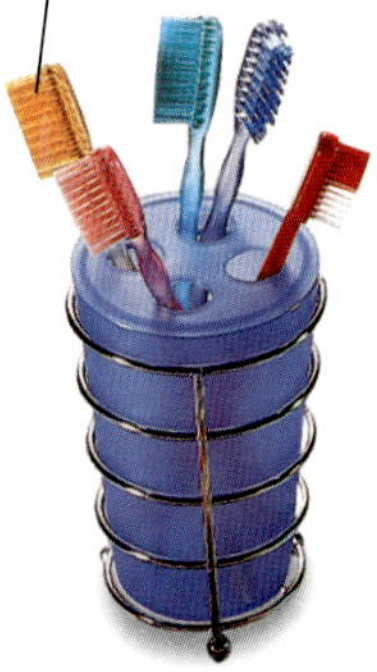

zäh
tough
[tʌf]

die Zahl
number
['nʌmbə(r)]

der Zahn
tooth
[tu:θ]

der Zahnarzt, die Zahnärztin
dentist
['dentɪst]

die Zahnbürste
toothbrush
['tu:θbrʌʃ]

die Zähne
teeth
[ti:θ]

die Zahnpasta
toothpaste
['tu:θpeɪst]

die Zahnschmerzen
toothache
['tu:θeɪk]

der Zauberer
magician
[mə'dʒɪʃn]

der Zaun
fence
[fens]

das Zebra
zebra
['zebra]

der Zebrastreifen
zebra crossing
['zebra 'krɒsɪŋ]

der Zeh
toe
[təʊ]

das Zeichnen
drawing
['drɔ:ɪŋ]

die Zeichnung
drawing
['drɔ:ɪŋ]

die Zeit
time
[taɪm]

die Zeitschrift
magazine
[ˌmægə'zi:n]

die Zeitung
newspaper
['nju:sˌpeɪpə(r)]

das Zelt
tent
[tent]

die Ziege
goat
[gəʊt]

das Zimmer
room
[ru:m]

die Zimmerdecke
ceiling
['si:lɪŋ]

der Zirkus
circus
['sɜ:kəs]

die Zitrone
lemon

die Zitrone
lemon
['lemən]

der Zoo
zoo
[zu:]

zu … hin
to
[tu:]

der Zucker
sugar
['ʃʊgə(r)]

zuerst
first
[fɜ:st]

das Zebra
zebra

die Zwiebel
onion

der Zug
train
[treɪn]

das Zuhause
home
[həʊm]

die Zukunft
future
[ˈfjːutʃə(r)]

die Zunge
tongue
[tʌŋ]

zurück
back
[bæk]

zusammen
together
[təˈgeðə(r)]

zusätzlich
extra
[ˈekstrə]

die Zutat
ingredient
[ɪnˈgriːdɪənt]

zweimal
twice
[twaɪs]

zweite, -r, -s
second
[ˈsekənd]

die Zwiebel
onion
[ˈʌnɪən]

der Zwilling
twin
[twɪn]

zwischen
between
[bəˈtwiːn]

die Zwillinge
twins

Wörterliste Englisch-Deutsch

Dies ist eine alphabetische Liste englischer Wörter mit ihrer deutschen Übersetzung. Im Englischen schreibt man in der Regel alle Wörter klein, auch Substantive (Namenwörter). Eine Ausnahme bilden Eigennamen, Wochentage und Monate. Für Berufe gibt es meist nur einen englischen Begriff, der im Deutschen männlich und weiblich übersetzt wird, z. B. *teacher* („der Lehrer, die Lehrerin").

A

a
ein, eine

a lot
viele

about
über; ungefähr

above
über, oberhalb

accident
der Unfall

across
quer durch

activity
die Beschäftigung

address
die Adresse

adult
der/die Erwachsene

adventure
das Abenteuer

after
nach

afternoon
der Nachmittag

again
wieder

ago
vor

air
die Luft

airport
der Flughafen

alarm clock
der Wecker

all
alle

almost
fast

alone
allein

alphabet
das Alphabet

already
schon

also
auch

always
immer

amazing
erstaunlich

ambulance
der Krankenwagen

an (vor Vokalen)
ein, eine

anchor
der Anker

and
und

angry
wütend

animal
das Tier

ankle
der Knöchel

answer
die Antwort

ant
die Ameise

anybody
irgendjemand

anything
irgendetwas

appartment
die Wohnung

appearance
das Aussehen

apple
der Apfel

apron
die Schürze

area
das Gebiet

arm
der Arm

armchair
der Sessel

arrival
die Ankunft

arrow
der Pfeil

art
die Kunst

artist
der Künstler,
die Künstlerin

assistant
der Mitarbeiter,
die Mitarbeiterin

astronaut
der Astronaut,
die Astronautin

at
bei

athletics
die Leichtathletik

atlas
der Atlas

attic
der Dachboden

aunt
die Tante

autumn
der Herbst

avocado
die Avocado

away
weg

B

baboon
der Pavian

baby
das Baby

back
zurück

back (body)
der Rücken

backbone
die Wirbelsäule

backwards
rückwärts

bad
schlecht

badminton
der Federball,
das Federballspiel

bag
die Tasche

bakery
die Bäckerei

balcony
der Balkon

ball
der Ball; die Kugel

ballet dancer
der Balletttänzer,
die Balletttänzerin

balloon
der Luftballon

banana
die Banane

bank (money)
die Bank

bank (river)
das Flussufer

barn
die Scheune

baseball
der Baseball,
das Baseballspiel

basket
der Korb

basketball
der Basketball,
das Basketballspiel

bat
die Fledermaus

bat (sports)
das Schlagholz

bathroom
das Badezimmer

bathtub
die Badewanne

battery
die Batterie

beach
der Strand

bead
die Perle

beak
der Schnabel

beam
der Balken

bean
die Bohne

bear
der Bär

beard
der Bart

beautiful
schön

beauty
die Schönheit

because
weil

bed
das Bett

bedroom
das Schlafzimmer

bee
die Biene

beetle
der Käfer

behind
hinter

bell
die Glocke

belt
der Gürtel

bench
die Bank

best
beste, -r, -s

better
bessere, -r, -s

between
zwischen

big
groß, schwer

biggest
größte, -r, -s

bike
das Fahrrad

billion
die Milliarde

bin
der Abfalleimer

binoculars
das Fernglas

bird
der Vogel

birthday
der Geburtstag

birthday cake
der Geburtstagskuchen

birthday card
die Geburtstagskarte

biscuit
der Keks

black
schwarz

blackboard
die Tafel

blanket
die Decke

blond
blond

blood
das Blut

blouse
die Bluse

blue
blau

board game
das Brettspiel

boat
das Boot

body
der Körper

bone
der Knochen

book
das Buch

bookshop
der Buchladen

boot
der Stiefel

boring
langweilig

bottle
die Flasche

bottom
der Hintern

bowl
die Schüssel, die Schale

box
die Schachtel

boy
der Junge

boyfriend
der Freund

bracelet
das Armband

brain
das Gehirn

branch
der Ast

brave
mutig

bread
das Brot

break
die Pause

breakfast
das Frühstück

bridge
die Brücke

bright
hell

broken
kaputt

broom
der Besen

brother
der Bruder

brown
braun

bubble
die (Seifen)Blase

bucket
der Eimer

budgie
der Wellensittich

buggy
der Kinderwagen

building
das Gebäude

bulb
die Blumenzwiebel

buoy
die Boje

bus
der Bus

bus driver
der Busfahrer,
die Busfahrerin

bus stop
die Bushaltestelle

bush
der Busch

business
das Geschäft,
die Angelegenheit

busy
beschäftigt

but
aber

butter
die Butter

butterfly
der Schmetterling

button
der Knopf

C

cabbage
der Kohl

café
das Café

cage
der Käfig

cake
der Kuchen

calculator
der Taschenrechner

calf
das Kalb

calm
ruhig

calves
die Kälber

camel
das Kamel

camera
der Fotoapparat

can
die Dose

canary
der Kanarienvogel

candle
die Kerze

canoe
das Kanu

cap
die Kappe

capital
die Hauptstadt

car
das Auto

card
die Karte

cardboard
die Pappe

careful
vorsichtig

carpet
der Teppich

carrot
die Karotte

cash
das Bargeld

cassette
die Kassette

castle
die Burg, das Schloss

cat
die Katze

caterpillar
die Raupe

cave
die Höhle

CD
die CD

CD player
der CD-Spieler

ceiling
die Zimmerdecke

cellar
der Keller

centre
der Mittelpunkt

cereal
das Getreide

chair
der Stuhl

chalk
die Kreide

change
die Veränderung

cheap
billig

checkout
die Kasse

cheese
der Käse

cheetah
der Gepard

chef
der Koch, die Köchin

chess
Schach

chest
die Brust

chest of drawers
die Kommode

chewing gum
der Kaugummi

chick
das Küken

chicken
das Huhn

child
das Kind

children
die Kinder

chimney
der Schornstein

chimpanzee
der Schimpanse

chin
das Kinn

chips
die Pommes frites

chocolate
die Schokolade

Christmas
Weihnachten

Christmas card
die Weihnachtskarte

Christmas Eve
Heiligabend

Christmas tree
der Weihnachtsbaum

church
die Kirche

cinema
das Kino

circle
der Kreis

circus
der Zirkus

city
die Stadt

classroom
das Klassenzimmer

claw
die Kralle

clay
der Ton, Lehm

clean
sauber

clear
klar

clever
klug, schlau

cliff
die Klippe

cloak
der Umhang

clock
die Uhr

closed
geschlossen

cloth
das Tuch

clothes
die Kleidung

cloud
die Wolke

cloudy
wolkig

clown
der Clown

coach
der Reisebus

coast
die Küste

coat
der Mantel

coat hanger
der Kleiderbügel

coffee
der Kaffee

coin
die Münze

cold
kalt; die Erkältung

collar
der Kragen; das Halsband

colour
die Farbe

coloured pencil
der Buntstift

colourful
bunt

comb
der Kamm

combine harvester
der Mähdrescher

comfortable
bequem

comic
der Comic

compass
der Kompass

computer
der Computer

computer game
das Computerspiel

concert
das Konzert

cooker
der Herd

cool
kühl

corner
die Ecke

costume
das Kostüm

cotton
die Baumwolle

cough
der Husten

country
das Land, der Staat

countryside
das Land, die Landschaft

cousin
der Cousin, die Cousine

cow
die Kuh

cowboy
der Cowboy

crab
die Krabbe

crane
der Kranich

cream
die Sahne

creature
das Lebewesen

crisps
die Chips

crocodile
das Krokodil

crossing
die Kreuzung

crowded
überfüllt

crown
die Krone

cube
der Würfel

cup
die Tasse

cupboard
der Schrank

curious
neugierig

curly
lockig

curtain
der Vorhang

curved
gebogen

customer
der Kunde, die Kundin

cycling
das Fahrradfahren

D

dad
der Papa

daisy
das Gänseblümchen

dancer
der Tänzer, die Tänzerin

dandelion
der Löwenzahn

danger
die Gefahr

dangerous
gefährlich

dark
dunkel

dark blue
dunkelblau

date
das Datum

daughter
die Tochter

day
der Tag

dead
tot

deaf
taub

dear
lieb

deck
das Schiffsdeck

deck chair
der Liegestuhl

decoration
die Dekoration

deep
tief

deer
das Reh, der Hirsch

delicious
köstlich

dentist
der Zahnarzt,
die Zahnärztin

desert
die Wüste

desk
der Schreibtisch

dessert
der Nachtisch

diamond (shape)
die Raute

diary
das Tagebuch

dice
die Würfel

dictionary
das Wörterbuch

different
anders, verschieden

difficult
schwer, schwierig

digital
digital

dining room
das Esszimmer

dinner
das Abendessen

dinosaur
der Dinosaurier

direction
die Richtung

directly
geradewegs

dirty
schmutzig, dreckig

disabled
behindert

disco
die Disko

dishes
das Geschirr

distance
die Entfernung

diving
das Tauchen

diving goggles
die Taucherbrille

divorced
geschieden

doctor
der Arzt, die Ärztin

dog
der Hund

dog food
das Hundefutter

doll
die Puppe

dolphin
der Delfin

dome
der Dom

door
die Tür

down
unten, hinunter

downstairs
unten

dragon
der Drache

dragonfly
die Libelle

drawer
die Schublade

drawing
das Zeichnen,
die Zeichnung

dream
der Traum

dress
das Kleid

drink
das Getränk

drinking straw
der Strohhalm

driver
der Fahrer, die Fahrerin

drop
der Tropfen

drum
die Trommel

drum kit
das Schlagzeug

dry
trocken

duck
die Ente

duckling
das Entenküken

during
während

dust
der Staub

duvet
die Bettdecke

DVD
die DVD

DVD player
der DVD-Spieler

E

eagle
der Adler

ear
das Ohr

earache
die Ohrenschmerzen

early
früh

earth
die Erde

earthworm
der Regenwurm

east
der Osten

easy
einfach, leicht

echo
das Echo

effect
die Wirkung

egg
das Ei

elbow
der Ellbogen

electrical
elektrisch

elephant
der Elefant

email
die E-Mail

email address
die E-Mail-Adresse

emergency
der Notfall

empty
leer

encyclopedia
das Lexikon

end
das Ende

England
England

English
Englisch

enough
genug

enthusiastic
begeistert

entrance
der Eingang

envelope
der Briefumschlag

environment
die Umwelt

equipment
die Ausrüstung

even
sogar

evening
der Abend

every
jede, -r, -s

everybody
jedermann

everyday
täglich

everything
alles

everywhere
überall

exam
die Prüfung

excellent
hervorragend

excited
aufgeregt

exercise
die Übung

exercise book
das Heft

exit
der Ausgang

expensive
teuer

explosion
die Explosion

extra
zusätzlich

extremely
äußerst

eye
das Auge

eyebrow
die Augenbraue

eyelash
die Wimper

F

face
das Gesicht

factory
die Fabrik

fair
der Jahrmarkt

fairy
die Fee

false
falsch

family
die Familie

famous
berühmt

fancy dress
das Faschingskostüm

fantastic
toll, fantastisch

far
weit, entfernt

farm
der Bauernhof

farmer
der Bauer, die Bäuerin

fashion
die Mode

fast
schnell

fastest
schnellste, -r, -s

fat
fett

father
der Vater

favourite
bevorzugt, Lieblings-

feather
die Feder

feet
die Füße

felt-tip pen
der Filzstift

fence
der Zaun

ferry
die Fähre

field
das Feld

film
der Film

film star
der Filmstar

fin
die Flosse

fine
fein

finger
der Finger

fire
das Feuer

fire engine
das Feuerwehrauto

firefighter
der Feuerwehrmann

first
zuerst; erste, -r, -s

first aid
die erste Hilfe

fish
der Fisch

fishing
die Fischerei

fishing boat
das Fischerboot

fit
fit

flag
die Fahne

flannel
der Waschlappen

flat
flach

flat (building)
die Wohnung

fleece
die Fleecejacke

flock
die Herde

flood
die Flut

floor
der Fußboden

flour
das Mehl

flower
die Blume

flute
die Flöte

fly
die Fliege

fog
der Nebel

food
das Essen; das Futter

foot
der Fuß

football
der Fußball,
das Fußballspiel

for
für

forest
der Wald

fork
die Gabel

forward
vorwärts

fox
der Fuchs

frame
der Rahmen

France
Frankreich

free time
die Freizeit

freedom
die Freiheit

freezer
der Gefrierschrank

French
Französisch

fresh
frisch

fridge
der Kühlschrank

friend
der Freund, die Freundin

frightened
verängstigt

frog
der Frosch

from
von

front door
die Haustür

fruit
das Obst

frying pan
die Pfanne

fuel
der Treibstoff

full
voll

fun
der Spaß

fur
das Fell

furniture
die Möbel

future
die Zukunft

G

game
das Spiel

garage
die Garage

garden
der Garten

gardener
der Gärtner,
die Gärtnerin

gardening
die Gartenarbeit

gas
das Gas

gentle
sanft

geography
Erdkunde

ghost
das Gespenst

giant
der Riese

giraffe
die Giraffe

girl
das Mädchen

girlfriend
die Freundin

glacier
der Gletscher

glass
das Glas

glasses
die Brille

globe
der Globus

glove
der Handschuh

glue
der Klebstoff

goal
das Tor

goalkeeper
der Torwart

goat
die Ziege

goggles
die Schwimmbrille

gold
das Gold

goldfish
der Goldfisch

golf
Golf

good
gut

gorilla
der Gorilla

government
die Regierung

grandfather
der Großvater

grandmother
die Großmutter

grandparents
die Großeltern

grapes
die Trauben

grass
das Gras

grasshopper
die Heuschrecke

great
großartig, toll

Great Britain
Großbritannien

green
grün

greenhouse
das Gewächshaus

grey
grau

group
die Gruppe

guide
der Führer

guinea pig
das Meerschweinchen

guitar
die Gitarre

gymnastics
die Gymnastik

H

habitat
der Lebensraum

hair
das Haar

hairbrush
die Haarbürste

hairdresser
der Friseur, die Friseurin

hairy
behaart

half
die Hälfte

hall
der Flur

hammer
der Hammer

hamster
der Hamster

hand
die Hand

handbag
die Handtasche

handkerchief
das Taschentuch

happy
glücklich, zufrieden

harbour
der Hafen

hard
hart

hard drive
die Festplatte

hare
der Hase

hat
der Hut

hay
das Heu

he
er

head
der Kopf

headache
die Kopfschmerzen

healthy
gesund

heart
das Herz

heat
die Hitze

heavy
schwer(gewichtig)

hedgehog
der Igel

helicopter
der Hubschrauber

helmet
der Helm

help
die Hilfe

her
ihr(e)

hero
der Held

heron
der Reiher

hide-and-seek
das Versteckspiel

high
hoch

hill
der Hügel

hip
die Hüfte

his
sein(e)

history
Geschichte

hobby
das Hobby

hockey
Hockey

hole
das Loch

holiday
der Urlaub

holidays
die Ferien

home
das Zuhause

homework
die Hausaufgaben

honey
der Honig

hood
die Kapuze

horse
das Pferd

horse riding
das Reiten

hospital
das Krankenhaus

hot
heiß

hot-air balloon
der Heißluftballon

hot chocolate
die heiße Schokolade

hot dog
das Hotdog

hotel
das Hotel

hour
die Stunde

house
das Haus

how
wie

huge
riesig

hummingbird
der Kolibri

hungry
hungrig

husband
der Ehemann

hut
die Hütte

I

I
ich

ice
das Eis

ice cube
der Eiswürfel

ice hockey
Eishockey

ice skating
das Schlittschuhlaufen

ice-cream
die Eiskreme

ill
krank

illness
die Krankheit

immediately
sofort

important
wichtig

impossible
unmöglich

in
in

ingredient
die Zutat

injury
die Verletzung

ink
die Tinte

insect
das Insekt

inside
innen, drinnen

instrument
das Instrument

interesting
interessant

into
hinein

invitation
die Einladung

iron
das Bügeleisen

island
die Insel

it
es

it's (it is)
es ist

its
sein(e), ihr(e)

J K L

jacket
die Jacke

jaguar
der Jaguar

jam
die Marmelade

jeans
die Jeans

jellyfish
die Qualle

jewel
der Edelstein

jewellery
der Schmuck

job
die Arbeit

joke
der Witz

journey
die Reise

judo
Judo

jug
der Krug

juice
der Saft

jumper
der Pullover

jungle
der Dschungel

just
gerade eben

kangaroo
das Känguru

karate
Karate

kettle
der Wasserkocher

key
der Schlüssel

keyboard
die Tastatur

kilometre
der Kilometer

kind
freundlich

kind (type)
die Art, Sorte

king
der König

kiss
der Kuss

kitchen
die Küche

kite
der Drachen

kitten
das Kätzchen

knee
das Knie

knife
das Messer

knight
der Ritter

knot
der Knoten

koala
der Koala

ladder
die Leiter

ladybird
der Marienkäfer

lake
der See

lamb
das Lamm

lamp
die Lampe

land
das Land

language
die Sprache

laptop
der Laptop

last
letzte, -r, -s

late
spät

law
das Gesetz

lawn
der Rasen

lawn mower
der Rasenmäher

lazy
faul

leaf
das Blatt

leaves
die Blätter

left
links

left-handed
linkshändig

leg
das Bein

lemon
die Zitrone

lemonade
die Limonade

leopard
der Leopard

lesson
die Unterrichtsstunde

letter
der Brief

letter box
der Briefkasten

lettuce
der Kopfsalat

library
die Bücherei

lid
der Deckel

life
das Leben

lifeboat
das Rettungsboot

lifeguard
der Rettungsschwimmer

life jacket
die Schwimmweste

lift
der Aufzug

light
das Licht

light (colour)
hell

light (weight)
leicht(gewichtig)

light blue
hellblau

lighthouse
der Leuchtturm

lightning
der Blitz

like
wie

line
die Linie

lion
der Löwe

little
klein

living room
das Wohnzimmer

lizard
die Eidechse

long
lang

longest
längste, -r, -s

loose
locker

lorry
der Lastwagen

(a) lot
viel

lots
viele

loud
laut

lovely
entzückend

low
niedrig, tief

lucky
glücklich, erfolgreich

luggage
das Gepäck

lunch
das Mittagessen

lunch box
die Brotdose

lunch break
die Mittagspause

M

machine
die Maschine

magazine
die Zeitschrift

magician
der Zauberer

magnet
der Magnet

magnifying glass
die Lupe

mainly
hauptsächlich

make-up
die Schminke

mammal
das Säugetier

man
der Mann

many
viele

map
die Landkarte

marble
die Murmel

market
der Markt

married
verheiratet

mask
die Maske

mat
die Matte

match
das Streichholz

match (sport)
das Spiel

matchbox
die Streichholzschachtel

maths
Mathematik

maybe
vielleicht

me
mir, mich

meal
die Mahlzeit

meaning
die Bedeutung

means of transport
die Verkehrsmittel

meat
das Fleisch

medicine
die Medizin;
das Medikament

melon
die Melone

menu
die Speisekarte

metre
der Meter

microwave
die Mikrowelle

middle
die Mitte

midnight
Mitternacht

milk
die Milch

milk shake
der Milchshake

million
die Million

minute
die Minute

mirror
der Spiegel

mistake
der Fehler

mitten
der Fausthandschuh

mixture
die Mischung

mobile phone
das Handy

money
das Geld

monkey
der Affe

monster
das Ungeheuer

month
der Monat

moon
der Mond

more than
mehr als

morning
der Morgen

mosque
die Moschee

most
das meiste, die meisten

moth
der Nachtfalter

mother
die Mutter

motor
der Motor

motorbike
das Motorrad

motorway
die Autobahn

mountain
der Berg

mountain bike
das Mountain-Bike

mouse
die Maus

mouse mat
das Mauspad

moustache
der Schnurrbart

mouth
der Mund

mud
der Schlamm

muddy
schlammig

muesli
das Müsli

mug
der Becher

mum
die Mama

museum
das Museum

mushroom
der Pilz

music
die Musik

musician
der Musiker,
die Musikerin

my
mein(e)

N

nail
der Nagel

name
der Name

narrow
eng

nature
die Natur

naughty
frech

near
nahe bei, in der Nähe

nearly
fast

neck
der Hals

necklace
die Halskette

needle
die Nadel

neighbour
der Nachbar,
die Nachbarin

nest
das Nest

net
das Netz

never
nie

new
neu

news
die Neuigkeit

newspaper
die Zeitung

next
nächste, -r, -s

next to
neben

nice
nett

niece
die Nichte

night
die Nacht

nobody
niemand

noisy
laut

noodles
die Nudeln

north
der Norden

nose
die Nase

notebook
das Notizbuch

nothing
nichts

now
jetzt

nowhere
nirgends

number
die Zahl

nurse
die Krankenschwester

nursery
die Kinderkrippe

O

oar
das Ruder

ocean
das Meer, der Ozean

office
das Büro

often
oft

oil
das Öl

old
alt

Olympic Games
die Olympischen Spiele

on
auf; an

onion
die Zwiebel

only
nur

open
offen

opposite
der Gegensatz;
gegenüber

or
oder

orange (colour)
orange

orange (fruit)
die Orange

orange juice
der Orangensaft

other
andere, -r, -s

ouch!
au!

our
unser

out of
außerhalb von

outside
draußen

oval
oval

oven
der Ofen

oven glove
der Topfhandschuh

over there
dort drüben

owl
die Eule

own
eigene, -r, -s

P

page
die Seite

paint brush
der Pinsel

paint tin
der Farbtopf

pair
das Paar

palm tree
die Palme

pancake
der Pfannkuchen

panda
der Panda

paper
das Papier

paper towel
das Papiertuch

parade
der Festumzug

parents
die Eltern

park
der Park

parrot
der Papagei

party
das Fest

passenger
der/die Reisende;
der Fahrgast

passport
der Reisepass

past
nach

past
die Vergangenheit

pasta
die Nudeln

path
der Pfad

patient
geduldig

patient (person)
der Patient, die Patientin

pattern
das Muster

pavement
der Bürgersteig

paw
die Pfote

pea
die Erbse

peace
der Frieden

peaceful
friedlich

peacock
der Pfau

peanut
die Erdnuss

pear
die Birne

pebble
der Kieselstein

pedal
das Pedal

pelican
der Pelikan

pen
der Stift

pencil
der Bleistift

pencil case
das Federmäppchen

penguin
der Pinguin

people
die Leute

pepper
der Pfeffer

per
pro

perhaps
vielleicht

person
die Person

pet
das Haustier

petrol
das Benzin

petrol station
die Tankstelle

pharmacy
die Apotheke

phone
das Telefon

photo
das Foto

piano
das Klavier

picnic
das Picknick

picture
das Bild

pig
das Schwein

pillow
das Kissen

pilot
der Pilot, die Pilotin

pine tree
der Kiefernbaum

pineapple
die Ananas

pinecone
der Kiefernzapfen

pink
rosa

pirate
der Pirat

pizza
die Pizza

place
der Platz

plane
das Flugzeug

planet
der Planet

plant
die Pflanze

plastic
das Plastik

plastic bag
die Plastiktüte

plate
der Teller

platform
der Bahnsteig

play
das Theaterstück

player
der Spieler, die Spielerin

playground
der Spielplatz

please
bitte

plug
der Stecker

pocket
die Hosentasche

pocket money
das Taschengeld

point
der Punkt

polar bear
der Eisbär

pole
der Pfosten

police
die Polizei

police car
das Polizeiauto

police helicopter
der Polizeihubschrauber

policeman
der Polizist

policewoman
die Polizistin

pond
der Teich

poor
arm

popular
beliebt

possible
möglich

post office
das Postamt

postcard
die Postkarte

postcode
die Postleitzahl

poster
das Poster

postman
der Postbote

potato
die Kartoffel

powder
das Puder

present
das Geschenk

pretty
hübsch

price
der Preis

prince
der Prinz

princess
die Prinzessin

probably
wahrscheinlich

problem
das Problem

programme
das Programm

pudding
der Pudding

puddle
die Pfütze

pumpkin
der Kürbis

pupil
der Schüler, die Schülerin

puppet
die Marionette, Handpuppe

puppet show
das Puppentheater

puppy
der Welpe

purple
lila

purse
die Geldbörse

puzzle
das Puzzle

pyjamas
der Schlafanzug

Q

quarter
das Viertel

queen
die Königin

question
die Frage

queue
die Schlange, Reihe

quick
schnell

quiet
leise, ruhig, still

quiz
das Quiz

R

rabbit
das Kaninchen

race
das Rennen

racing car
der Rennwagen

racket
der Tennisschläger

radio
das Radio

railway station
der Bahnhof

rain
der Regen

rainbow
der Regenbogen

raincoat
der Regenmantel

rainforest
der Regenwald

rake
der Rechen

raspberry
die Himbeere

rat
die Ratte

ready
fertig, bereit

real
echte, -r, -s

really
wirklich

receipt
der Kassenzettel

recipe
das Rezept

rectangle
das Rechteck

red
rot

remote control
die Fernbedienung

rescue
die Rettung

restaurant
das Restaurant

rhinoceros
das Nashorn

rib
die Rippe

rice
der Reis

rich
reich

right
richtig

right (direction)
rechts

right-handed
rechtshändig

ring
der Ring

ripe
reif

river
der Fluss

road
die Landstraße

robot
der Roboter

rock
der Fels

rocket
die Rakete

roll
das Brötchen

roof
das Dach

room
das Zimmer

root
die Wurzel

rope
das Seil

rose
die Rose

rough
rau

round
rund

roundabout
das Karussell

rowing
das Rudern

rowing boat
das Ruderboot

rubber
der Radiergummi

rucksack
der Rucksack

rug
der Teppich, Vorleger

rugby
Rugby

ruler
das Lineal

running
das Laufen

S

sack
der Sack

sad
traurig

saddle
der Sattel

safe
sicher, gefahrlos

sail
das Segel

sailing
das Segeln

sailing boat
das Segelboot

sailor
der Matrose

salt
das Salz

same
das Gleiche

sand
der Sand

sandal
die Sandale

sandcastle
die Sandburg

sandwich
das belegte Brot

saucepan
der Kochtopf

sausage
das Würstchen

scarf
der Schal

school
die Schule

school bag
die Schultasche

school uniform
die Schuluniform

science
die Wissenschaft

scientist
der Wissenschaftler,
die Wissenschaftlerin

scissors
die Schere

score
die Punktzahl, der
Spielstand (Sport)

screen
der Bildschirm

sea
das Meer

seafood
die Meeresfrüchte

seagull
die Möwe

seahorse
das Seepferdchen

seal
der Seehund

sea lion
der Seelöwe

seaside
der Strand

season
die Jahreszeit

seaweed
die Alge

second
zweite, -r, -s

seed
der Samen, der Kern

semicircle
der Halbkreis

shadow
der Schatten

shampoo
das Shampoo

shape
die Form

shark
der Hai

sharp
scharf, spitz

she
sie

shed
der Schuppen

sheep
das Schaf, die Schafe

sheepdog
der Hirtenhund

shelf
das Regal

shell
die Muschel

shiny
glänzend

ship
das Schiff

shirt
das Hemd

shoe
der Schuh

shop
das Geschäft, der Laden

shop assistant
der Verkäufer,
die Verkäuferin

shopper
der Käufer, die Käuferin

shopping
der Einkauf

shopping bag
die Einkaufstasche

shopping list
die Einkaufsliste

short
kurz

shorts
die Shorts

shoulder
die Schulter

shower
die Dusche

shower gel
das Duschgel

shy
schüchtern

sick
krank

sign
das Schild

silver
das Silber

simple
einfach, leicht

singing
der Gesang

sink
das Waschbecken, Spülbecken

sister
die Schwester

size
die Größe

skate
der Rollschuh

skateboard
das Skateboard

skating
das Rollschuhlaufen

skeleton
das Skelett

skiing
das Skifahren

skin
die Haut, die Schale (Obst)

skipping rope
das Springseil

skirt
der Rock

sky
der Himmel

skyscraper
der Wolkenkratzer

sleeping bag
der Schlafsack

sleeve
der Ärmel

sleigh
der Schlitten

slipper
der Hausschuh

slow
langsam

small
klein

smart
klug

smell
der Geruch

smoke
der Rauch

smooth
glatt

snail
die Schnecke

snake
die Schlange

snow
der Schnee

snowball
der Schneeball

snowboard
das Snowboard

snowflake
die Schneeflocke

snowman
der Schneemann

soap
die Seife

sock
die Socke

sofa
das Sofa

soft
weich

soil
die Erde

soldier
der Soldat

some
einige

somebody
jemand

something
etwas

sometimes
manchmal

son
der Sohn

soon
bald

sore throat
die Halsschmerzen

south
der Süden

space
der Raum, Weltraum

spade
der Spaten, die Schaufel

spaghetti
die Spagetti

special
besondere, -r, -s

spider
die Spinne

sponge
der Schwamm

spoon
der Löffel

sport
der Sport

sports
die Sportarten

spot
der Fleck

spring
der Frühling

square
das Quadrat

squirrel
das Eichhörnchen

stairs
die Treppe

stamp
die Briefmarke

star
der Stern

starfish
der Seestern

station
der Bahnhof

steam
der Dampf

steep
steil

step
der Schritt

stepfather
der Stiefvater

stepmother
die Stiefmutter

stick
der Stock

sticker
der Aufkleber

sticky
klebrig

stocking
der Strumpf

stomach
der Bauch

stone
der Stein

storm
der Sturm

story
die Geschichte, Erzählung

straight
gerade

strange
seltsam

straw
das Stroh

strawberry
die Erdbeere

street
die Straße

street light
die Straßenlaterne

strict
streng

string
die Schnur

stripe
der Streifen

strong
stark

stupid
dumm

submarine
das U-Boot

subway
die U-Bahn

suddenly
plötzlich

sugar
der Zucker

suit
der Anzug

suitcase
der Koffer

summer
der Sommer

sun
die Sonne

suncream
die Sonnenkreme

sunflower
die Sonnenblume

sunglasses
die Sonnenbrille

sunhat
der Sonnenhut

sunny
sonnig

sunset
der Sonnenuntergang

supermarket
der Supermarkt

sure
sicher, gewiss

surface
die Oberfläche

surfing
das Surfen

surgery
die Arztpraxis

surprise
die Überraschung

surprising
überraschend

swan
der Schwan

sweater
der Pullover

sweets
die Bonbons

swimming
das Schwimmen

swimming pool
das Schwimmbad

swimsuit
der Badeanzug

swing
die Schaukel

sword
das Schwert

T

table
der Tisch

table tennis
Tischtennis

tadpole
die Kaulquappe

tail
der Schwanz

tall
groß, lang

tap
der Wasserhahn

taxi
das Taxi

tea
der Tee

teacher
der Lehrer,
die Lehrerin

team
die Mannschaft

tea towel
das Geschirrtuch

teddy bear
der Teddybär

teeth
die Zähne

telescope
das Fernrohr

television
der Fernseher

tennis
Tennis

tent
das Zelt

terrible
schrecklich

test
die Klassenarbeit

text message
die SMS

that one
jene, -r, -s

the
der, die, das

theatre
das Theater

their
ihr(e)

then
dann

there
dort

there are
es gibt (Plural)

there is
es gibt (Singular)

thermometer
der Thermometer

they
sie

thick
dick

thin
dünn

thing
das Ding

thirsty
durstig

this
das; diese, -r, -s

thousand
tausend

through
durch

thumb
der Daumen

thunderstorm
das Gewitter

ticket
die Fahr-, Eintrittskarte

tie
die Krawatte

tiger
der Tiger

tight
fest

tights
die Strumpfhose

time
die Zeit

timetable
der Fahrplan

tiny
winzig

tired
müde

tissue
das Papiertaschentuch

to
zu … hin

toad
die Kröte

toaster
der Toaster

today
heute

toe
der Zeh

together
zusammen

toilet
die Toilette

toilet paper
das Toilettenpapier

tomato
die Tomate

tomato sauce
die Tomatensoße

tomorrow
morgen

tongue
die Zunge

tonight
heute Abend

too
auch

tool
das Werkzeug

tooth
der Zahn

toothache
die Zahnschmerzen

toothbrush
die Zahnbürste

toothpaste
Zahnpasta

torch
die Taschenlampe

toucan
der Tukan

tough
zäh

tourist
der Tourist, die Touristin

towel
das Handtuch

town
die Stadt

toy
das Spielzeug

toy brick
der Bauklotz

tractor
der Traktor

traffic
der Verkehr

traffic lights
die Ampel

train
der Zug

trainers
die Turnschuhe

tray
das Tablett

tree
der Baum

triangle
das Dreieck

trip
die Reise

trolley
der Einkaufswagen

tropical
tropisch

trouble
der Ärger

trousers
die Hose

true
wahr

trunk (animal)
der Rüssel

trunk (tree)
der Stamm

trunks
die Badehose

T-shirt
das T-Shirt

tube
die Tube

tummy
der Bauch

tunnel
der Tunnel

turkey
der Truthahn

turn
die Kurve

turtle
die Schildkröte

twice
zweimal

twin
der Zwilling

tyre
der Reifen

U

ugly
hässlich

umbrella
der Regenschirm, Schirm

uncle
der Onkel

under
unter

underwear
die Unterwäsche

unfair
ungerecht

uniform
die Uniform

universe
das Weltall

until
bis

unusual
ungewöhnlich

up
hinauf

upside down
umgedreht

upstairs
oben

useful
nützlich

usually
gewöhnlich

V

vampire
der Vampir

van
der Lieferwagen

vegetable
das Gemüse

vegetarian
der Vegetarier,
die Vegetarierin

very
sehr

vet
der Tierarzt,
die Tierärztin

video game
das Videospiel

video player
das Videogerät

village
das Dorf

violin
die Geige

W

waist
die Taille

waiter
der Kellner

waitress
die Kellnerin

walk
der Spaziergang

wall
die Mauer, die Wand

war
der Krieg

wardrobe
der Kleiderschrank

warm
warm

warning
die Warnung

washbasin
das Waschbecken

washing machine
die Waschmaschine

washing-up
der Abwasch

wasp
die Wespe

watch
die Armbanduhr

water
das Wasser

water lily
die Seerose

watering can
die Gießkanne

watermelon
die Wassermelone

wave
die Welle

way in
der Eingang

way out
der Ausgang

we
wir

weak
schwach

weather
das Wetter

wedding
die Hochzeit

weed
das Unkraut

week
die Woche

weekend
das Wochenende

weight
das Gewicht

welcome
willkommen

well
gut

west
der Westen

wet
nass

whale
der Wal

what
welche, -r, -s

wheat
der Weizen

wheel
das Rad

wheelbarrow
die Schubkarre

wheelchair
der Rollstuhl

when
wann

where
wo

while
während

whisker
das Schnurrhaar

whistle
der Pfiff

white
weiß

who
wer

why
warum

wide
weit, breit

wife
die Ehefrau

wind
der Wind

window
das Fenster

windy
windig

wing
der Flügel

winter
der Winter

witch
die Hexe

with
mit

without
ohne

wolf
der Wolf

woman
die Frau

wood
das Holz

wooden
hölzern

wool
die Wolle

woolly hat
die Mütze

word
das Wort

world
die Welt

worm
der Wurm

worse
schlechter

wrong
falsch

Y

yacht
die Yacht

year
das Jahr

yellow
gelb

yesterday
gestern

yoghurt
der Jogurt

you
du, ihr, Sie

young
jung

your
dein(e), euer, eure

Z

zebra
das Zebra

zebra crossing
der Zebrastreifen

zip
der Reißverschluss

zoo
der Zoo

27 Englische Aussprache

Lautschrift	Englisches Beispiel	So wird es ausgesprochen
[ɑː]	father	wie in Name
[e]	bed	wie in weg
[iː]	see	langes **i**, wie in lieb
[ɪ]	sit	kurzes **i**, wie in mit
[ɒ]	long	wie in Frosch
[ʊ]	put	kurzes **u**, wie in Mund
[uː]	you	wie in Kuh, etwas länger
[ə]	water	ähnlich wie **e** am Wortende, wie in Vase
[ʌ]	sun	kurzes **a**, wie in Tanne
[aɪ]	like	wie in weit
[aʊ]	town	wie in Baum
[ɔɪ]	boy	wie in neu
[ɪə]	near	wie in hier
[ʒ]	television	wie in Garage
[ŋ]	song	wie in Ballon
[s]	soft	stimmlos, wie in Skelett
[z]	zoo	stimmhaft, wie in Sonne
[ʃ]	shirt	wie in Schnee
[tʃ]	chair	wie in Matsch
[v]	van	wie in wann

Diese Laute gibt es nur im Englischen:

Lautschrift	Englisches Beispiel	Lautschrift	Englisches Beispiel
[æ]	cat	[ɜː]	bird
[eɪ]	game	[eə]	hair
[əʊ]	pony	[ɔː]	ball
[θ]	thank you	[r]	red
[ð]	mother	[dʒ]	jam
[w]	warm	[ʊə]	towel

Diese Laute werden wie im Deutschen ausgesprochen:

[b], [d], [f], [g], [h], [j], [k], [l], [m], [n], [p], [t]

Verben

Dieses Kapitel enthält eine alphabetische Liste der wichtigsten Verben (Tunwörter). Im Englischen steht vor der Grundform eines Verbs immer „to“. Das Verb „sein“ (*to be*) ist ausführlicher beschrieben. So kannst du sehen, wie es sich je nach Person verändert. Alle anderen englischen Verben bleiben in der Gegenwart bei allen Personen gleich, nur bei *he, she, it* („er, sie, es“) musst du an die Grundform ein „s“ anhängen. Viele Verben, die im Deutschen ein „sich“ brauchen, bestehen im Englischen nur aus einem Wort, zum Beispiel *remember* („sich erinnern“).

to act
schauspielern

to appear
erscheinen

to ask
fragen, bitten

to bake
backen

to be
sein

to be called
heißen

to be cold
frieren

to be scared of
sich fürchten

to become
werden

to begin
anfangen, beginnen

to believe
glauben

to bite
beißen

to blow
blasen

to boil
kochen, sieden

to break
zerbrechen

to bring
bringen

to brush
bürsten

to brush one's teeth
Zähne putzen

to build
bauen

to buy
kaufen

to camp
zelten

to can
können

to carry
tragen

Louisa carries the bags.

to catch
fangen

to celebrate
feiern

to change
ändern, wechseln

to check
prüfen

to clean
putzen

to climb
klettern

to close
schließen

to collect
sammeln

to come
kommen

to complain
klagen

to cook
kochen

to count
zählen

to cover
bedecken

to cry
weinen

to cut
schneiden

to cut out
ausschneiden

to cycle
Fahrrad fahren

to dance
tanzen

to decide
(sich) entscheiden

to decorate
schmücken

to destroy
zerstören

to dig
graben

to disappear
verschwinden

to discover
entdecken

to do
machen, tun

to do the gardening
gärtnern

to draw
zeichnen

to dream
träumen

to dress up
sich anziehen

to drink
trinken

to drive
fahren (Auto)

to eat
essen

to enjoy
genießen

to escape
entfliehen

to explain
erklären

to fall
fallen

to fall down
hinfallen

to feed
füttern

Catch the ball!

A B C D E F G H I J K L M N O P Q R S T U V W X Y Z

to feel
fühlen

to fetch
holen

to find
finden

to finish
beenden

to fly
fliegen

to fold
falten

to follow
folgen

to forget
vergessen

to frighten
erschrecken

to get
bekommen

to get off
aussteigen

Jennifer **dances** well.

to get on
einsteigen

to get up
aufstehen

to give
geben, schenken

to go
gehen

to go out
hinausgehen

to go shopping
einkaufen gehen

to grow
wachsen

to guess
raten

to hate
hassen

to have
haben

to have a bath
baden

to have a shower
duschen

to have breakfast
frühstücken

to have fun
Spaß haben

to hear
hören

to help
helfen

to hide
verstecken

to hit
schlagen

to hold
halten

to hope
hoffen

to hurry
eilen, sich beeilen

to imagine
sich etwas vorstellen

to invent
erfinden

Amy **digs** in the sand.

Stephen does the **gardening**.

to invite
einladen

to jump
springen

to keep
behalten

to kiss
küssen

to know
kennen, wissen

to land
landen

to laugh
lachen

to learn
lernen

to lift
heben

to like
mögen

to listen
zuhören

to live
leben

to look at
ansehen

to lose
verlieren

to love
lieben

to make
machen

to marry
heiraten

to mean
bedeuten

to move
bewegen; umziehen

to need
brauchen

to notice
bemerken

to open
öffnen

to paint
malen

to pay
bezahlen

to pick up
aufheben

I am **eating** the cake.

to play
spielen

to pour
gießen

to practise
üben

to prepare
vorbereiten

to produce
herstellen

to promise
versprechen

to pull
ziehen

to push
schieben

to put
legen, stellen

to rain
regnen

to reach
erreichen

to read
lesen

to recognize
erkennen

Feed the dogs!

A B C D E F G H I J K L M N O P Q R S T U V W X Y Z

to relax
sich entspannen

to remember
sich erinnern

to repair
reparieren

to rest
ausruhen

to ride a bike
Fahrrad fahren

to ride a horse
reiten

to ring
klingeln

to row
rudern

to run
laufen, rennen

to sail
segeln

to save
retten, sichern

to say
sagen

to score
punkten

to scratch
kratzen

to see
sehen

to sell
verkaufen

to send
schicken

to shout
rufen, schreien

to show
zeigen

to sing
singen

to sit
sitzen

to skate
Rollschuh laufen

to skate (on ice)
Schlittschuh laufen

to ski
Ski fahren

to skip
Seilspringen

to sleep
schlafen

to slide
rutschen

to smell
riechen

to smile
lächeln

to snow
schneien

to sound
klingen

to spread
bestreichen

to stand
stehen

to start
beginnen, anfangen

to stay
bleiben

to stop
anhalten

to stretch
strecken

to study
studieren, lernen

Fold the paper like this.

Carlos **eats** eggs for breakfast.

to surf
surfen

to surprise
überraschen

to swim
schwimmen

to take
nehmen

to take a photo
fotografieren

to talk
reden

to taste
schmecken, kosten

to teach
unterrichten

to tease
necken

to tell
erzählen

to think
denken

to throw
werfen

to tidy up
aufräumen

to translate
übersetzen

to travel
reisen

to try
probieren

to turn
umdrehen

to understand
verstehen

to undress
sich ausziehen

to use
benutzen

to visit
besuchen

to wait
warten

to wake up
aufwachen

to walk
spazieren

to want
wollen

to warm
wärmen

to wash (oneself)
(sich) waschen

to wash the dishes
abwaschen

to watch
beobachten

to watch TV
fernsehen

to wave
winken

to wear
anhaben, tragen

to whisper
flüstern

to win
gewinnen

to wish
wünschen

to work
arbeiten, funktionieren

to write
schreiben

A B C D E F G H I J K L M N O P Q R S T U V W X Y Z

abwaschen
to wash the dishes

ändern, wechseln
to change

anfangen
to begin, to start

anhaben
to wear

anhalten
to stop

ansehen
to look at

(sich) anziehen
to dress up

arbeiten
to work

aufheben
to pick up

aufräumen
to tidy up

aufstehen
to get up

aufwachen
to wake up

Sam **listens** to music.

ausruhen
to rest

ausschneiden
to cut out

aussteigen
to get off

(sich) ausziehen
to undress

backen
to bake

baden
to have a bath

bauen
to build

bedecken
to cover

bedeuten
to mean

beenden
to finish

beginnen
to begin, to start

behalten
to keep

beißen
to bite

Elise **looks** at some soil.

Lucy **opens** the door.

bekommen
to get

bemerken
to notice

benutzen
to use

beobachten
to watch

bestreichen
to spread

besuchen
to visit

bewegen
to move

bezahlen
to pay

blasen
to blow

bleiben
to stay

brauchen
to need

bringen
to bring

bürsten
brush

denken
to think

duschen
to have a shower

eilen, sich beeilen
to hurry

einkaufen gehen
to go shopping

einladen
to invite

einsteigen
to get on

entdecken
to discover

entfliehen
to escape

(sich) entscheiden
to decide

(sich) entspannen
to relax

erfinden
to invent

Can you paint a picture?

(sich) erinnern
to remember

erkennen
to recognize

erklären
to explain

erreichen
to reach

erscheinen
to appear

erschrecken
to frighten

erzählen
to tell

essen
to eat

fahren (Auto)
to drive

Fahrrad fahren
to cycle

fallen
to fall

falten
to fold

fangen
to catch

feiern
to celebrate

fernsehen
to watch TV

finden
to find

fliegen
to fly

flüstern
to whisper

folgen
to follow

fotografieren
to take a photo

fragen, bitten
to ask

frieren
to be cold

frühstücken
to have breakfast

fühlen
to feel

funktionieren
to work

Pour the water carefully!

A B C D E F G H I J K L M N O P Q R S T U V W X Y Z

A B C D E F G H I J K L M N O P Q R S T U V W X Y Z

(sich) fürchten
to be scared of

füttern
to feed

gärtnern
to do the gardening

geben
to give

gehen
to go

genießen
to enjoy

gewinnen
to win

gießen
to pour

glauben
to believe

graben
to dig

haben
to have

halten
to hold

hassen
to hate

Rebecca **reads** her book.

Errol **runs** fast.

heben
to lift

heiraten
to marry

heißen
to be called

helfen
to help

herstellen
to produce

hinausgehen
to go out

hinfallen
to fall down

hoffen
to hope

holen
to fetch

hören
to hear

kaufen
to buy

kennen
to know

klagen
to complain

klettern
to climb

klingeln
to ring

klingen
to sound

kochen
to cook

kochen, sieden
to boil

kommen
to come

können
to can

kratzen
to scratch

küssen
to kiss

lächeln
to smile

Sarah **rides** her horse.

lachen
to laugh

landen
to land

laufen
to run

leben
to live

legen
to put

lernen
to learn

lesen
to read

lieben
to love

machen
to make

machen, tun
to do

malen
to paint

Celinda is **shouting.**

Dan is **sleeping.**

mögen
to like

necken
to tease

nehmen
to take

öffnen
to open

probieren
to try

prüfen
to check

punkten
to score

putzen
to clean

raten
to guess

reden
to talk

regnen
to rain

reisen
to travel

reiten
to ride a horse

rennen
to run

reparieren
to repair

retten, sichern
to save

riechen
to smell

Rollschuh laufen
to skate

rudern
to row

rufen
to shout

rutschen
to slide

sagen
to say

sammeln
to collect

schauspielern
to act

schenken
to give

Spread chocolate on the cakes.

A B C D E F G H I J K L M N O P Q R S T U V W X Y Z

schicken
to send

schieben
to push

schlafen
to sleep

schlagen
to hit

schließen
to close

Schlittschuh laufen
to skate (on ice)

schmecken, kosten
to taste

schmücken
to decorate

schneiden
to cut

schneien
to snow

schreiben
to write

schreien
to shout

schwimmen
to swim

segeln
to sail

sehen
to see

Seilspringen
to skip

sein
to be
I am
you are
he, she, it is
we are
you are
they are

sichern
to save

singen
to sing

sitzen
to sit

Ski fahren
to ski

Spaß haben
to have fun

spazieren
to walk

spielen
to play

springen
to jump

stehen
to stand

stellen
to put

strecken
to stretch

studieren, lernen
to study

surfen
to surf

tanzen
to dance

tragen
to carry, to wear

träumen
to dream

trinken
to drink

tun, machen
to do

üben
to practise

überraschen
to surprise

übersetzen
to translate

umdrehen
to turn

umziehen
to move

unterrichten
to teach

vergessen
to forget

verkaufen
to sell

verlieren
to lose

verschwinden
to disappear

Philip **writes** an email.

Marie **washes** the dishes.

versprechen
to promise

verstecken
to hide

verstehen
to understand

vorbereiten
to prepare

(sich etwas) vorstellen
to imagine

wachsen
to grow

wärmen
to warm

warten
to wait

(sich) waschen
to wash (oneself)

weinen
to cry

werden
to become

werfen
to throw

winken
to wave

wissen
to know

wollen
to want

wünschen
to wish

zählen
to count

Zähne putzen
to brush one's teeth

zeichnen
to draw

zeigen
to show

zelten
to camp

zerbrechen
to break

zerstören
to destroy

ziehen
to pull

zuhören
to listen

Patrick **learns** for school.

A B C D E F G H I J K L M N O P Q R S T U V W X Y Z

28 Phrases

Redewendungen

yes
ja

no
nein

Hello!
Hallo!

Goodbye!
Auf Wiedersehen!

See you later!
Bis später!

please
bitte

thank you
danke

Excuse me!
Entschuldige / Entschuldigen Sie!

I'm sorry.
Es tut mir Leid.

My name is...
Ich heiße ...

I live in...
Ich wohne in ...

I am... years old.
Ich bin ... Jahre alt.

I don't understand.
Ich verstehe nicht.

I don't know.
Ich weiß nicht.

very well
sehr gut

very much
sehr

Monday
Montag

Tuesday
Dienstag

Wednesday
Mittwoch

Thursday
Donnerstag

Friday
Freitag

Saturday
Samstag

Sunday
Sonntag

I like/don't like...
Ich mag / Ich mag nicht ...

Let's go!
Gehen wir!

Happy Birthday!
Alles Gute zum Geburtstag!

How are you?
Wie geht es dir?

What is your name?
Wie heißt du?

Do you speak...?
Sprichst du ...?

Do you like...?
Magst du ...?

Do you have...?
Hast du ...?

Can I have...?
Kann ich ... haben?

How much...?
Wie viel ...?

How many?
Wie viele?

What is that?
Was ist das?

Can you help me?
Kannst du mir helfen?

What time is it?
Wie spät ist es?

Help!
Hilfe!

Stop!
Halt!

Turn right/left.
Biege rechts/links ab.

Go straight on.
Gehe geradeaus.

in front of
vor

next to
nahe bei

Where is/are...?
Wo ist/sind ...?

January
Januar

February
Februar

March
März

April
April

May
Mai

June
Juni

July
Juli

August
August

September
September

October
Oktober

November
November

December
Dezember

Numbers

Die Zahlen

0 **zero**
null

1 **one**
eins

2 **two**
zwei

3 **three**
drei

4 **four**
vier

5 **five**
fünf

6 **six**
sechs

7 **seven**
sieben

8 **eight**
acht

9 **nine**
neun

10 **ten**
zehn

11 **eleven**
elf

12 **twelve**
zwölf

13 **thirteen**
dreizehn

14 **fourteen**
vierzehn

15 **fifteen**
fünfzehn

16 **sixteen**
sechzehn

17 **seventeen**
siebzehn

18 **eighteen**
achtzehn

19 **nineteen**
neunzehn

20 **twenty**
zwanzig

21 **twenty one**
einundzwanzig

30 **thirty**
dreißig

40 **forty**
vierzig

50 **fifty**
fünfzig

60 **sixty**
sechzig

70 **seventy**
siebzig

80 **eighty**
achtzig

90 **ninety**
neunzig

100 **one hundred**
hundert

Dank

Dorling Kindersley dankt folgenden Personen für die Unterstützung bei der Herstellung des Buches: Darah Ponder und Carole Oliver für Konzeptionsassistenz, Marie Greenwood und Jennie Morris für Redaktionsassistenz, Angela Wilkes für sprachliche Beratung; Katherine Northam für digitale Bearbeitung, Rose Horridge und Rachael Swan für Bildrecherche sowie den Modellen Hope Annets, Mary Mead, Bethany Tombs, Todd und Sophie Yonwin.

Bildnachweis
Abkürzungen: o = oben, u = unten, l = links, r = rechts, m = Mitte
31: www.aviationpictures.com/Austin J. Brown 1983 (ol); 31: m. frdl. Genehmigung des FSTOP Pte. Ltd. Singapur (om); 32: Courtesy of the Natural History Museum, London (or); 54: Corbis/ Ronnie Kaufman (ur); 55: Corbis/Craig Tuttle (ol); 55: Corbis/Craig Tuttle (or); 55: Zefa/J. Jaemsen (ml); 55: Zefa/J. Jaemsen (mu); 55: Powerstock (ul); 72: Getty Images/Stone/Stuart Westmorland (ol); 82: Indianapolis Motor Speedway Foundation, Inc. (om); 91: David Edge (om); 91: m. frdl. Genehmigung des Junior Department, Royal College of Music, London (ur).